O PRÓXIMO BRASIL

Marcio Pochmann

O PRÓXIMO BRASIL

UM OLHAR A PARTIR DAS ESTATÍSTICAS

EDITORA IDEIAS & LETRAS

1ª impressão

EDITORA IDEIAS& LETRAS

Rua Oliveira Alves, 164
Ipiranga – São Paulo/SP
Cep: 04210-060
Televendas: 0800 777 6004
Editorial: (11) 3862-4831
vendas@ideiaseletras.com.br
www.ideiaseletras.com.br

Dados Internacionais de Catalogação na Publicação (CIP)
de acordo com o ISBD

P741p O próximo Brasil: um olhar a partir das estatísticas / Marcio Pochmann. – São Paulo : Ideias & Letras, 2025.
144 p. ; 16cm x 23cm. – (Sociopolítica)

Inclui bibliografia.
ISBN: 978-65-87295-90-9

1. História. 2. Brasil. 3. IBGE. 4. Estatística. I. Título. II. Série.

2025-1084 CDD 981
CDU 94(81)

Elaborado por Vagner Rodolfo da Silva - CRB-8/9410

Índice para catálogo sistemático:
1. História : Brasil 981
2. História : Brasil 94(81)

"A democracia morre na escuridão sem estatísticas oficiais."

– Comissão Econômica das Nações Unidas para a Europa.

"Como observa o grande e distinto poeta alemão Goethe, os algarismos não só governam o mundo, mas também mostram como ele é governado.

Não sei como se pode dirigir bem a administração de um país sem conhecer sua população e seus recursos."

– Senador Tomas Pompeu de Souza Brasil (1818-1877).

"Temos que nos prevenir do futuro em vez de prevê-lo."

– Ray Bradbury (1920-2012).

"O inimigo do saber convencional não são as ideias,
mas o desenrolar dos acontecimentos."

– John Kenneth Galbraith (1908-2006).

"Não escrevo um livro para que seja o último;
escrevo um livro para que outros sejam possíveis –
não necessariamente escritos por mim."

– Michel Foucault (1926-1984).

Sumário

Apresentação: traços do passado sobre o próximo Brasil

O horizonte de expectativas compreende o poder da imaginação, que é construído, muitas vezes, por uma linha do tempo. Ela deve compreender o futuro não necessariamente linear, mas sim permeado por opções de escolhas prospectivas que consideram vários fatores e tendências, os quais impactam a visão de uma sociedade sobre o próximo porvir.

Além de oferecer menores imprevidências nas escolhas políticas, econômicas e sociais, o horizonte de futuro deve se distanciar de profecias e fundamentalismos de toda natureza. Mesmo que os cenários possam conter certa dose especulativa, as possibilidades de visões construídas acerca do futuro pressupõem o rigor e a consistência de informações e dados que se assentam, em geral, no sistema nacional de estatísticas oficiais.

Da mesma forma cabe considerar o quanto os condicionamentos materiais, culturais e sociais repercutem sobre a produção científica, uma vez que a ciência não seria neutra, tampouco desvinculada do local de onde surgiu. Por isso a importância de refletir sobre a especificidade da realidade distinta em cada nação, para articular conceitos e uma base metodológica com a consciência crítica, tendo em vista que a natureza da pesquisa científica e de seus problemas se assenta em teorias filosóficas existentes (Vieira Pinto, 2020).

Em plena passagem para o segundo quarto do século XXI, assiste-se ao avanço da hipermodernidade por meio de instrumentos e serviços tecnológicos a acelerar o tempo presente sobre a vida extremamente individualizada. Por meio do espaço de experiência, a visão historiográfica do tempo se constitui enquanto elemento fundante da combinação do desejo com a análise racional do acontecido e com o que ainda estaria por vir (Koselleck, 2006).

Ao se compreender as nações como "comunidades imaginadas" (Anderson, 2008), constata-se o quanto as estatísticas oficiais contribuíram para apontar a promessa de sustentação da imaginação em algo tangível. Da mesma forma, elas revelam a velocidade e a via pela qual o progresso da nação ocorre – via própria da perspectiva lançada pelos liberais do Iluminismo.

Com o fluxo das informações pessoais e das cadeias de valor do conhecimento cada vez mais racionalizado pela revolução informacional, conduzida pelas *big techs*, os dados emergem como um contributo de crescente importância na validação do novo modelo de negócio privado e extremamente lucrativo. Por isso, o conjunto das estatísticas, censos, inquéritos e relatórios oficiais tem coexistido simultaneamente com o vantajoso conjunto de ferramentas para quantificar o mundo social com códigos binários, criptografias, programas, algoritmos e inteligência artificial, entre outros.

Constata-se, assim, o questionamento acerca da precisão com que as estatísticas conseguem representar a realidade dos países. Em seu rastro, uma nova era de *big data* controlada por grandes empresas privadas está se generalizando, colocando a democracia em perigo.

Após quase três séculos, a grande conquista dos estatísticos se encontra envolvida na complexidade e fluidez das populações nacionais, em fatos e números administráveis e compreensíveis. A reformulação do cenário global tem exigido a mais rápida sofisticação das estatísticas oficiais, passando pelas formas tradicionais de classificação e definição metodológicas, pressionadas por identidades, atitudes e caminhos econômicos mais fluidos. Os esforços para representar as mudanças demográficas, sociais e econômicas *online*, em termos de indicadores simples e bem reconhecidos, têm sido constantes no âmbito das comissões de estatística das Nações Unidas e dos países (United Nations, 2008).

No Brasil, contudo, o estilo das elites de protelar decisões, quando não encobrir problemas estruturais da nação, tem resultado numa retórica sem soluções práticas, sem providências até que não seja mais possível a postergação de alguma decisão nacional. Ao operar pelo improviso, o país parece seguir aprisionado ao presentismo, na complexa gestão de emergências por políticas assentadas no curtoprazismo.

Em função disso, o presente livro busca retratar o próximo Brasil espetando o nervo óptico dos olhos, que transmite impulsos ao cérebro da nação, onde as informações visuais da disputa de futuro são processadas. Mas, para isso, é preciso superar o olhar dos dados do mundo e do país pregressos, incapazes de romper com as sombras do passado que recaem sobre os novos dados do próximo Brasil neste século XXI.

Em vez do desprestígio, as estatísticas oficiais seguem sendo fundamentais, ainda que seja necessário o seu reposicionamento diante da estruturação de *big data*, que, mais do que resolver problemas, termina por expô-los como jamais visto antes. Enquanto a revolução informacional conduz ao próximo amanhã das nações, outro horizonte de expectativas se conforma em meio à disrupção anárquica dos algoritmos nos metadados, da inteligência artificial e do *big brother* digital.

É algo inédito desde o século XVIII, quando o salto quantitativo e qualitativo das estatísticas oficiais permitiu surgir um novo patamar de políticas públicas na governança de populações e territórios, compatível com as políticas públicas no âmbito do projeto de modernidade ocidental dos estados nacionais do Norte Global. Apesar disso, o horizonte de expectativas aberto ao futuro dos metadados tem sido influenciado pela forma com que o passado tem sido apropriado por narrativas nem sempre precisas.

Atualmente, as grandes corporações transnacionais de tecnologia, com posição superior em faturamento ao Produto Interno Bruto (PIB) de diversos países, operam cada vez mais pela via da monopolização dos mercados. Com isso, observa-se ações de interferência sobre a soberania das nações que se encontravam desconhecidas desde o fim da Guerra dos Trinta Anos (1618-1648), a qual encerrou o monopólio das igrejas sobre o domínio do saber.

Sob a atualidade do capitalismo de vigilância, a geopolítica dos saberes transita da esfera pública para a privada, remontando inspiração própria, somente conhecida durante a Idade Média, vigente entre os séculos V e XV. É nesses termos que a sombra do passado termina, em geral, impondo-se sobre o presente, passando a redefinir e narrar o próprio futuro sob o controle de corporações privadas transnacionais.

Nos dias de hoje, o aparecimento de um novo sujeito histórico – resultante da multiplicação de massas sociais com maior acesso às informações disponibilizadas sob o controle quase monopolista das *big tech* privadas – transcorre num ambiente de elevadíssimo iletramento digital. O avanço na disponibilização das informações tem acontecido em ritmo muito superior à capacidade do público de absorvê-las e analisá-las, o que tem contribuído para a vulgarização das estatísticas oficiais e para a proliferação de mentiras e ataques às instituições nacionais.

Com a revolução informacional, as minorias esclarecidas, na posição de autoridades das ciências e de especialistas que exerciam o domínio do conhecimento no governo das populações, têm sido vulgarizadas pela nova rebelião das massas do iletramento digital. Uma inédita percepção do conhecimento estaria se conformando em torno da depreciação popular das ciências que predominava desde o Iluminismo.

Isso porque, neste primeiro quarto do século XXI, assiste-se ao gigantismo das *big tech* a se impor como, guardada a devida proporção, o monopólio do poder do conhecimento exercido pela Igreja Católica ao longo da Idade Média (Simmel, 1997; Ortega y Gasset, 2016). Após o longevo e primitivo modo de vida pertencente ao agrarismo, dominado por crenças religiosas, a vida mental das novas massas urbanas forjaria outro modo de vida, marcado pela impessoalidade complexa das cidades e metrópoles dos últimos 200 anos.

Pelo ingresso na Era Industrial a partir do século XVIII, alguns dos principais males das sociedades capitalistas, representadas pela escassez, doença, ignorância, miséria e ociosidade, seriam enfrentados, sobretudo nos países do Norte Global, a partir da segunda metade do século XX. Mas, neste primeiro quarto do século XXI, com o avanço da revolução informacional, um novo modo de vida estaria em curso, representado pela massa social proveniente do iletramento digital.

Ao mesmo tempo, o deslocamento do centro dinâmico do mundo do Ocidente para o Oriente colocaria em questão o projeto de modernidade assentado no eurocentrismo dos últimos 500 anos. Destaca-se que, pela perspectiva da História universal progressiva, lançada no início do século XIX por Georg Hegel (1770-1831), a hipótese de centralidade europeia decorreria do espírito daquela época que parece ter ficado para trás (Hegel, 1992).

Para o caso brasileiro, contudo, o ponto de partida da atualidade assenta-se na herança colonial que não permitiria ser escamoteada.

Pelo primeiro registro de cunho historiográfico sobre a colonização portuguesa na América, escrito no século XVII pelo frei Vicente do Salvador (1564-1635), a crença formativa da Nova Terra estava presente desde a origem do "descobrimento" (*História do Brazil*, 1627).

A especificidade constitutiva faz sentido pela substituição do revelador nome original da Terra de Santa Cruz para o de "Brasil", uma *commodity* exportada da época (árvore pau-brasil). Ressalta-se que somente o Brasil e a Costa do Marfim constituem o seleto grupo de nações que carregam no nome a identificação de uma mercadoria de exportação.

Da mesma forma, a derivação do nome de Brasil para os seus habitantes não foi a de "brasiliano" ou "brasiliense", mas sim a de "brasileiro". Em geral, o sufixo "-eiro" se associa à profissão (padeiro, marceneiro, coveiro, jornaleiro e outras), enquanto os sufixos "-ano" e "-ense" servem para naturalidade (colombiano, americano, equatoriano, australiano, canadense e outros). Ou seja, a identificação dos habitantes da terra relacionou-se às antigas funções laborais de cortador e mercador de pau-brasil, a primeira atividade econômica exercida sob o comando dos colonizadores na América Portuguesa.

Para além disso, há a novidade gerada pelas Grandes Navegações nas colônias em torno das visões paradisíacas e, posteriormente, infernais rapidamente difundidas pelo imaginário do colonizador europeu. Até o final do século XV, por exemplo, o conhecimento do mundo estava associado à existência de apenas três continentes, três mares e doze ventos, sendo os oceanos Índico e Atlântico misturados.

Mas, com as Grandes Navegações, a desesperança europeia sofreu significativa inflexão. Pela compreensão de Sérgio Buarque de Holanda (*Visão do Paraíso*, 1959), o aparecimento do Novo Mundo foi acompanhado pelo universo mental dos navegadores, pelo deslocamento do mito do Paraíso terrestre, vindo dos confins da Ásia e da África, para o Oceano Atlântico.

Com o cenário ideal localizado no plano terreno, a geografia do Éden se transpôs para o Novo Mundo, o que gerou um novo horizonte de expectativas de futuro, sobretudo para a juventude exposta à Europa decadente. Na colonização portuguesa na América, por exemplo, diversas personalidades de destaque na época eram muito jovens, como: Martim Afonso de Souza (1500-1564), que foi o primeiro donatário da Capitania de São Vicente, aos 34 anos de idade; Maurício de Nassau (1604-1679), o governante holandês em Pernambuco com 33 anos; o padre José de Anchieta (1534-1597), considerado um dos fundadores das cidades de São Paulo, quando tinha 20 anos de idade, e do Rio de Janeiro, com 31 anos; e o padre Manuel da Nóbrega (1517-1570), que liderou e participou da primeira missão de catequização na Terra de Santa Cruz com 32 anos de idade.

Além disso, a comparação luso-castelhana desenvolvida por Sérgio Buarque de Holanda (*Raízes do Brasil*, 1936), no capítulo "O semeador e o ladrilhador", permitiu distinguir perspectivas de futuro distintas: para os colonizadores espanhóis, o interesse relacionado à construção de uma nova Espanha na América; ao passo que os portugueses estavam mais associados à implementação de feitorias próprias da tradição mercantil e do pioneirismo na expansão marítima.

Pelo tripé da monocultura, latifúndio e escravidão, deu-se a origem da exploração e da violência sustentadas sem mediação na produção de mercadorias para a exportação. A escassa presença da ação do Estado português, salvo na repressão e arrecadação fiscal, conformou a abolição da diferença entre os espaços público e privado, bem como a norma da vida pública passou a ser determinada e definida como código da vida privada (Chaui, 2007).

Na sequência da liberdade exercida pelo colonizador português, havia o registro da opressão aos demais diante dos desregramentos morais e da violência sexual predominantes na colônia. Por tais desregramentos serem reconhecidos como pecados mundanos dos trópicos, a Contrarreforma Católica, em resposta à Reforma Protestante europeia, passou a operar com pastorais difusoras da cristianização aos pagãos no Novo Mundo dos trópicos.

Neste contexto dos três séculos de colonização, a visão de futuro proveniente das elites, constituídas no embate do pós-independência nacional, prevaleceu adaptada aos padrões estéticos e intelectuais eurocentristas. Assim, a constatação do atraso produtivo e das condições físicas e sociais vigentes no Novo Mundo, em relação ao processo civilizatório do Velho Mundo, nutria a esperança de tal processo ser alcançável e garantido no horizonte da nação. A demora temporal se justificaria pela vinculação placentária à Europa.

Em síntese, a consciência amena do atraso nacional, que perpassou o conjunto das elites nos períodos históricos do Império (1822-1889) e da República Velha (1889-1930), fundamentava-se na singela compreensão do Brasil como um "país novo", que terminou sendo abandonada entre as décadas de 1930 e 1980 com a inédita consciência forjada no interior da noção de "país subdesenvolvido" (Candido, 1989).

De um lado, isso porque as principais características do povo brasileiro foram marcadas pela atomicidade da sociabilidade governada por grandes potentados rurais, cristalizadores de frágeis instituições do Estado. A importação das ideias estrangeiras – fora de lugar, em geral – aprofundava o desencanto nacional, mesmo com a passagem para a República e a sua particular e inédita forma federativa descentralizadora (Vianna, 2005; Torres, 1974).

De outro lado, porque ganhou importância política a necessidade da moldagem de um modelo econômico alternativo ao agrarismo primário-exportador. A visão de futuro que emergiu disso foi sustentada pelo requisito histórico da cooperação entre distintos interesses de classes, voltados à superação do subdesenvolvimento com autonomia política nacional e dinamismo econômico, a permitir o reposicionamento do Brasil na Divisão Internacional do Trabalho da Era Industrial.

Em resumo, é o processo político da passagem de um modelo social agrarista e de uma economia primário-exportadora para a moderna sociedade urbana e industrial. O passo necessário, junto das oportunidades abertas pela Grande Depressão capitalista de 1929, transcorreu com a política de substituição de importações acompanhada pela pauta de exportação crescentemente diversificada e ancorada em bens e serviços de maior valor agregado, conteúdo tecnológico e incorporação de força de trabalho em melhores condições laborais (Furtado, 1961; 1974).

Em função disso, a perspectiva de futuro, ancorada na possibilidade de o amanhã emergir com o desaparecimento do atraso da fome, pobreza e desigualdade, ganhou contornos de realidade com a transição para a sociedade salarial. Por estar apoiada na estrutura produtiva complexa, diversificada e integrada nacionalmente, houve significativa mobilidade social da população do campo para as cidades, compostas pelas classes sociais estruturadoras do capitalismo industrial, como os estratos médios assalariados, o operariado e a burguesia industrial.

Apesar dos enormes contrastes da realidade presente na geoeconomia de um país de dimensão continental, o crescimento econômico parecia garantir a materialização do porvir com a rápida e profunda transformação da estrutura social associada à perspectiva de que o futuro superior estaria assegurado (Zweig, 2006). Da mesma forma, a crença elitista sobre a questão do embranquecimento racial, com o progressivo ingresso de imigrantes europeus no Brasil, parecia superar o entrave racista da nação.

Com a legislação social e trabalhista em defesa do mercado nacional de trabalho, implementada pela Revolução de 1930, a longeva transição do escravismo em curso desde a segunda metade do século XIX ficou para trás. O trabalho que era exercido como inferioridade social, pois era somente realizado forçadamente, tornou-se fonte de assalariamento formal, valorizado por direitos sociais e trabalhistas desconhecidos até então no país.

A prevalência de desigualdades estruturais com o avanço da modernidade urbana e industrial resultou da ausência de reformas civilizatórias no capitalismo tardio do país (agrário, tributário e social). Mesmo assim, o Brasil consolidou o inédito processo ampliado de miscigenação fundadora da identidade nacional, confirmando a teoria do encontro antropológico das três raças: europeia, africana e indígena (Freyre, 2003; Ribeiro, 1995).

Ao final do século XX, contudo, a consciência nacional a respeito da condição periférica do Brasil no mundo passaria a ser mascarada pela perspectiva de futuro enredada no processo de integração à globalização neoliberal. Sustentando a nova visão de futuro possível, havia a presunção de que "o Brasil não mais seria um país subdesenvolvido, mas apenas injusto", conforme posição do ex-presidente Fernando Henrique Cardoso (mandato 1995-2002).

Nesse espectro, o reverso do racismo de negros contra brancos e do identitarismo começou a ganhar centralidade em relação à emulação passada da miscigenação e da retórica da democracia racial. O revisionismo que se impôs pelo protagonismo de políticas reparatórias voltadas à correção das trágicas distorções históricas, combatendo a discriminação de grupos e indivíduos considerados minoritários no Brasil, transcorreu simultaneamente ao desmoronamento das classes estruturais do capitalismo industrial.

Ao mesmo tempo, o domínio político neoliberal interpenetrou tanto a direita como a esquerda, o que fez com que a problemática do subdesenvolvimento e da dependência externa, primordial dos governos desde a Revolução de 1930, fosse substituída pela temática da centralidade exclusivista da desigualdade. Ou seja, bastava distribuir o existente, gerando capacidade de consumo mesmo que não houvesse a necessidade interna de produzir, pois a modernidade estaria na substituição da produção nacional por importados, cujo financiamento adviria da especialização primário-exportadora.

Por ser justamente mais penalizada aquela parcela da estrutura produtiva com maior valor agregado, conteúdo tecnológico e incorporação de mão de obra qualificada, restou à reprimarização econômica o novo leito da evolução da dependência dos recursos naturais e das ocupações precárias. A semiestagnação da renda *per capita* se estabeleceu fazendo com que o desempenho econômico retroagisse ao período comparável, guardada a devida proporção à República Velha.

Diante do quadro nacional de insuficiência dinâmica, marcada pelo estancamento da taxa de investimentos, a luta distributiva se acelerou no Brasil logo no início dos anos 1980. Inicialmente, prevaleceu o quadro distributivo marcado pela tensão crescente da superinflação com a correção monetária, enquanto, a partir de 1994, a estabilidade dos preços somente se fez possível com a elevação dos juros reais, associada à expansão dos programas de transferência de renda pública aos "inempregáveis", conforme definição do ex-presidente Fernando Henrique Cardoso.

Assim, os obstáculos ao desenvolvimento impostos pela condição periférica do Brasil no mundo passaram a aparecer ilusoriamente como superados. Restariam, fundamentalmente, as crises de natureza cíclica do capitalismo, passíveis de serem administradas pelos governos através das políticas macroeconômicas vulgares (fiscal, monetária e cambial), porque os demais problemas deveriam ser resolvidos espontaneamente pelas forças privadas do mercado.

Finalmente estaria aberto o caminho da nova modernidade para "um novo Brasil", tendo o ataque à desigualdade assumido papel central na atuação dos governos, diante dos comprometimentos postergadores das reformas de caráter estrutural no capitalismo realmente existente. A ilusão foi sendo desfeita com o passar do tempo.

Acontece que sob a Era Digital, a Divisão Internacional do Trabalho agregou países em condições muito distintas de desenvolvimento. De um lado, as nações com capacidade de produzir e, geralmente, de exportar bens e serviços associados à transformação digital; de outro, os países consumidores, na sua maioria importadores, desde que em condições de gerar receitas externas com a exportação de produtos primários.

Pela teoria do subdesenvolvimento de Celso Furtado, por exemplo, o registro do desemprego, pobreza e concentração de renda, riqueza e poder resultaria de consequências decorrentes da própria incompletude do desenvolvimento nacional (Furtado, 1978). *A* dependência externa, especialmente tecnológica e financeira, que acompanha o subdesenvolvimento, definiria a posição nacional no interior da Divisão Internacional do Trabalho.

É nesse diapasão de visão do futuro, acerca das sequências brasileiras, que se recorre ao recurso das estatísticas oficiais para analisar os momentos decisivos das mudanças de longo prazo em sua relação de proximidade com a nação. Isso porque os dados gerados pelas estatísticas oficiais, cadastros e cartografia tendem a se confundir com a História do Brasil.

Os três capítulos a seguir buscam oferecer com mais detalhes esse horizonte das expectativas, formado pelas lentes do padrão das estatísticas oficiais, por sua vez constituídas ao longo do tempo no Brasil. O primeiro capítulo, por exemplo, trata-se da internalização das matrizes teóricas das estatísticas, advindas da dominância eurocentrista que terminou por ocultar as heranças socioculturais populares "pré-colombianas".

Da mesma forma, houve a construção das atividades estatísticas presentes antes e depois da Independência nacional. O que era assistemático e descontínuo passou a sofrer uma importante inflexão em determinados momentos históricos do país.

No período monárquico, especialmente no Segundo Império (1840-1889), destacaram-se a criação do Arquivo Estatístico Fluminense, em 1850, e a implementação da Diretoria-Geral de Estatística (DGE), em 1871. Com a instalação da República, ocorreram tanto a recriação simultânea da DGE, em 1889, como a sua reformulação, ocorrida na década de 1910.

No segundo capítulo, aborda-se a concomitância das estatísticas oficiais e da geociência nacional com o movimento modernista e tenentista de construção da sociedade urbana e industrial, entre as décadas de 1920 e 1980. A constituição do Instituto Nacional de Estatística (INE), em 1934, e a sua transformação no IBGE, em 1938, coincidiu com a instituição do Departamento Administrativo do Serviços Público (DASP), base do Estado moderno que conduziu a transição do antigo e primitivo agrarismo para a moderna sociedade urbana e industrial.

No Golpe de 1964, o autoritarismo impôs ao IBGE alterações profundas no seu funcionamento, reposicionando-o na hierarquia do interior do governo federal. Mesmo com a passagem para o regime democrático, conferido pelo ciclo político da Nova República iniciado em 1985, o IBGE não sofreu nenhuma alteração profunda no seu funcionamento e reposicionamento institucional.

Por fim, mas não menos importante, o terceiro capítulo trata dos desafios do próximo Brasil em decorrência da realidade nova, que se concretiza desde a ruína da sociedade industrial até o ingresso na Era Digital. Mesmo com o reposicionamento do mundo que desloca do Norte para o Sul Global, o dinamismo econômico e geopolítico e suas significativas consequências para a nação, as estatísticas, a geociência e os dados nacionais parecem submetidos à sombra do passado, o que pode estar ocultando o curso da profunda mudança de época.

O próximo Brasil precisa e pode ser melhor decifrado pelo olhar das estatísticas, cuja História explicita o seu aparecimento e as transformações em determinadas mudanças de época. Nem mesmo o conservadorismo corporativista das instituições consegue barrar as alterações nos sistemas estatísticos frente à inexorabilidade das transformações do processo histórico.

Com planejamento, o futuro pode acontecer com soberania – pois, do contrário, o que resta é o simples destino. Sobre isso, as páginas a seguir deverão ser esclarecedoras.

Boa leitura.

1. O Brasil agrário e as medições estatísticas da Diretoria-Geral de Estatística no Segundo Reinado Imperial (1840-1889) e na República Velha (1889-1930)

A ascensão dos dados é contemporânea ao projeto de modernidade ocidental, quando os indicadores passaram a assumir centralidade nas decisões sobre governança de populações e territórios no mundo. A partir de então, o desenvolvimento e a utilização da ciência estatística tiveram crescentes repercussões sociais, econômicas, culturais e políticas, sobretudo com o esgotamento do sistema colonial e a ascensão do imperialismo inglês.

Em geral, a historiografia das estatísticas converge com o surgimento e evolução das faculdades e cursos de estatística, bem como à forma com que o Estado se estruturou para o exercício de suas modernas funções. Mas, para além da perspectiva de contagens e censos populacionais organizados pelo Estado, convém considerar o papel das comunidades epistêmicas na construção de narrativas e práticas da estatística.

É nesse sentido que cabe destacar o papel desempenhado pelo iluminismo renascentista da Idade de Ouro Islâmica, durante o império árabe que, do século VIII ao XIII d.C., estimulou as artes e as ciências até então desconhecidas desde o auge do período greco-romano. Enquanto a Europa permanecia no longo obscurantismo da Idade Média, do século V ao XV, observatórios astronômicos, universidades e centros de tradução e difusão do ensino se expandiram no mundo árabe.

Entre os séculos VIII e XIII, por exemplo, um dos destaques foi a matemática enquanto base do desenvolvimento das ciências, assentada na álgebra (*al-jabr*) e no algarismo (algoritmo), derivado do nome de Mohammed Ibn Musa Al-Khwarizmi (780-850 d.C.) (Koyré, 2011; Attie Filho, 2020). A Casa da Sabedoria instalada em Bagdá exerceu, entre outras funções, uma grande potência cultural das artes e das ciências junto ao povo árabe da época.

A atração de estudiosos e estudantes (muçulmanos, judeus e cristãos) de várias partes do mundo correspondeu à vibrante curiosidade intelectual e à liberdade de expressão que caracterizaram o avanço do conhecimento humano próprio daquela época. Com a circulação das ideias científicas e do conhecimento em geral, o conceito e as ideias também das estatísticas terminaram sendo produto da constituição de comunidades epistêmicas (Burke, 2003).

Por isso, parte-se originalmente do ciclo das Grandes Navegações europeias como ponto de partida estratégico do estabelecimento do projeto de modernidade ocidental, que foi acompanhado por comunidades epistêmicas e pela produção e uso das estatísticas com o Renascimento e Iluminismo europeus. Mas uma parte importante disso decorreu de trabalhos que foram desenvolvidos ainda no império árabe islâmico e que foram trazidos por reis normandos excomungados, como Rogério II da Sicília, que estudou com mestres árabes e desbravadores como Miguel de Escoto, considerado herético e bruxo pela Igreja Católica (Lyons, 2011; Benoit e Micheau, 1989).

Em 1453, por exemplo, a tomada de Constantinopla pelo exército otomano terminou por obstaculizar a continuidade das antigas e enriquecedoras rotas da seda do Oriente pelo Mar Mediterrâneo, o que foi acompanhado pela geração do investimento em novos percursos, patrocinados pelas antigas cidades-estados e impérios europeus. As expedições pelo desconhecido Oceano Atlântico foram o caudatário do "descobrimento" do continente americano, o que levou ao surgimento da primeira cadeia global de produção e comércio a integrar três diferentes continentes (Europa, África e América) a partir do sistema colonial europeu.

Na sequência, a consolidação da hierarquia do sistema capitalista mundial ganhou impulso com as revoluções tecnológicas industriais, pautadas inicialmente pelo imperialismo inglês, e sendo acompanhadas pela difusão das estatísticas tanto nas agendas governamentais como nas decisões técnico-políticas, privadas e familiares. Mas antes disso, contudo, os registros estatísticos já se faziam presentes, porém ainda não como disciplina científica. Esta se estabeleceu somente a partir do século XVII.

Os indícios da existência de contagens populacionais e de animais, por exemplo, remontam às civilizações agrárias ainda localizadas na Babilônia, China e Egito, há cerca de 3000 anos antes de Cristo (a.C.). Consta, por exemplo, que no ano 2238 a.C., o Imperador Yao, na China, teria implantado o primeiro censo agrícola e comercial. No caso da população do Egito, a realização da contagem incluía a declaração profissional, de moradia e fontes de rendimento pelos participantes sob a penalidade de morte, assim como os faraós ordenavam a contabilidade de colheitas e de pessoas para a construção de pirâmides e o registro de presos em guerras.

No continente americano, as civilizações pré-colombianas, pertencentes aos maias, astecas e incas, também utilizavam informações estatísticas. Em geral, a finalidade da guerra e a cobrança de impostos justificavam registros históricos dos levantamentos e contagens de pessoas. Enquanto o Velho Testamento conferiu uma passagem a Moisés na tarefa de contar os homens de Israel para a guerra, o império romano ordenava a realização do censo em toda a população. No ano 620 d.C., por exemplo, Constantinopla constituiu o primeiro escritório de estatística, enquanto, no século XI, a Inglaterra estabeleceu o primeiro levantamento sobre propriedades e uso de terra com e sem animais para o cálculo de impostos (*Domesday Book*, de 1086).

Pode-se também mencionar o importante papel exercido pela Igreja Católica Romana, que introduziu com o Concílio de Trento (1545-1563) o registro compulsório de nascimentos, batismos, casamentos e óbitos por onde operasse no mundo. Mas foi a partir do movimento cultural, artístico e científico iniciado pelo Renascimento europeu dos séculos XV e XVI, bem como da consolidação do Iluminismo entre os séculos XVII e XVIII, que o projeto de modernidade ocidental afirmou o eurocentrismo com foco no uso dos dados para o mundo (Bacci, 2013).

Destaca-se, por exemplo, que a palavra "censo" provém de *censere*, que em latim significa "taxar", ao passo que a palavra "estatística" deriva tanto do neolatim *statisticum collegium*, equivalente a "conselho de Estado", quanto do italiano *statista*, que indica estatista ou político. Em 1662, a publicação do livro *Observações naturais e políticas sobre listas de mortalidade*, de John Graunt, inovou ao agregar os dados estatísticos de nascimentos e mortes nas cidades entre 1604 e 1661, o que contribuiu para o desenvolvimento do cálculo de probabilidades e dos métodos de amostragem.

Quarenta e seis anos depois, em 1708, a Universidade de Jena, na Alemanha ainda não unificada, estabeleceu o primeiro curso de estatística. Em 1752, o alemão Gottfried Achenwall passou a utilizar a estatística como derivada do latim (*statu*) para o Estado organizar o uso dos dados por políticos e para a aplicação em políticas públicas.

Pelo movimento europeu ancorado no Renascimento e Iluminismo, o novo horizonte dos dados se estabeleceu, em geral, como associado à estatística enquanto ciência voltada ao desenvolvimento e uso de métodos científicos de coleta, organização, apresentação e análise de dados (Alonso & Starr, 1989; Desrosières, 2000). Especialmente com a Paz de Westfália que sucedeu a Guerra dos Trinta Anos (1618-1648), com o enfraquecimento do poder religioso sobre as decisões políticas, assistiu-se ao desenvolvimento das relações internacionais ancoradas no surgimento do moderno modelo de Estado soberano, com direitos e estruturas consolidadas e conhecimento constituindo a base das decisões crescentemente racionais.

Mas a moldagem em torno da produção de dados, a qual é amparada na história da estatística, requiriu considerar também os agentes e as motivações relacionados à tomada de decisões metodológicas que justificassem a ascensão das estatísticas oficiais nas sociedades modernas. Ou seja, a política adotada tanto na construção das estatísticas como no seu uso teve o mérito do projeto de modernidade ocidental, que permitiu inicialmente aos países do Norte Global transitar do longevo e antigo agrarismo para as novas sociedades urbanas e industriais.

Nesse sentido, duas obras teóricas se destacam ao servir de moldagem eurocentrista das ideias e ações exitosas no enfrentamento às resistências herdadas do processo de modernização capitalista, que veio com a Revolução Industrial após 1750. De um lado, Adam Smith (1723-1790), que no livro *Uma investigação sobre a natureza e as causas da riqueza das nações*, de 1776, rompeu com os pressupostos do feudalismo europeu. Destacou, por exemplo, que a riqueza decorria do livre trabalho humano próprio da Revolução Industrial, cuja divisão laboral era a disciplina especializada na geração da produtividade, por sua vez fundamentada na liberdade do funcionamento dos mercados.

De outro lado, Thomas Malthus (1766-1834) publicou em 1798 o livro *Ensaio sobre o princípio da população*, que justificou a desigualdade produzida pela relação entre o capital e o trabalho. Ressaltou, assim, o quanto a produção de alimentos, apesar do processo de modernização tecnológica, não seria suficiente para atender ao progressivo crescimento populacional. Ao mesmo tempo, condenou a humanidade à miséria sem que houvesse a justa distribuição (a Lei dos Pobres foi criada em 1601 na Inglaterra para atender a população em situação de alta vulnerabilidade social).

Em meio ao contexto mundial de grandes e incertas mudanças da época, a política das estatísticas foi sendo instituída com o uso constante de fórmulas, símbolos e regras que se tornaram basilares da fundação da moderna civilização ocidental (Hayek, 2019). Da mesma forma, os números passaram a ser uma das bases da governança do mundo, pois, em grande parte dele, as decisões sociais, econômicas e políticas eram racionais e assentadas em evidência, característica do processo de dominância e centralidade dos países do Norte Global.

Mas a política das estatísticas, adotada para retratar a realidade do mundo social profundamente diferenciado, terminou refletindo escolhas em termos conceituais, pelas quais se tornaram quantitativamente conhecidas e disseminadas pela governança de populações, vigilância e pacificação. No caso do censo demográfico, a visão atomística, adotada para identificar agregados de indivíduos, expressou a perspectiva liberal na estatística de somatória de indivíduos cada vez mais em sociedades urbanas e industriais, sem que houvesse menção e medida a respeito da representação diferenciadora de classes ou de frações de classes sociais.

Isso porque nas sociedades agrárias não havia, em geral, a contagem das pessoas sem o reconhecimento prévio das diferenças de personalidades, estabelecidas segundo a ordem de privilégios historicamente vigente pela natureza herdada do nascimento. Na crise do feudalismo europeu, intermediada pela Reforma Protestante de Martinho Lutero (1483-1546) e João Calvino (1509-1564), a percepção de um novo sujeito social – questionador e descrente do monopólio do saber da Igreja Católica – emergiu dos sinais de igualitarismo mercantil, que despontou no fim da Idade Média.

A interferência dos mercados transacionados pelas novas moedas tenderia a secundarizar as diferenças, por exemplo, nas trocas mercantis entre o pobre trabalhador a comprar mercadorias do vendedor e o patrão rico (Marx, 2011). Até então, a comparação entre desiguais, originados por estatutos diversos, não era aceitável em sociedades forjadas por representação da realidade assentada na autoridade, a qual era constituída por relações políticas e cognitivas, por sua vez derivadas do Estado com a sociedade feudal.

Concomitante ao desmonte do agrarismo feudal europeu, a novidade social foi representada pela dominância acelerada das trocas mercantis. Mas isso seria turvado pela névoa a borrar as diferenças reais impostas pela emergência do capitalismo, fundado na divisão especializada do conhecimento, trabalho e produção.

Para a perspectiva liberal do Estado moderno, a antiga lógica política, fundada estritamente na força e violência policial próprias das sociedades agrárias, seria substituída pelo exercício da autoridade nacional soberana. Na governança de territórios e populações, a prática da gestão da vida das pessoas se fundamentou na finalidade liberal da produção capitalista, também concebida pela biopolítica, pois estava associada aos mecanismos biológicos próprios das estratégias políticas do Estado moderno.

Por influência do internacionalismo estatístico, a visão liberal de população nas sociedades urbanas e industriais tratou de equivaler personalidades de diferentes grupos sociais, o que levou à secundarização das diferenças de classes e de frações de classes sociais presentes na realidade em transformação. Com a disseminação da concepção burocrática de homogeneidade e comparabilidade das informações entre as diferentes nações, tornou-se possível o nascimento dos primeiros sistemas de dados oficiais, fundamentados no projeto de modernidade ocidental e centrados nos países do Norte Global (Foucault e Curtis, 2002; Brian, 1999; Porter, 1986).

Na França do século das luzes, evidenciado pelo Iluminismo, o cálculo econômico, político e social representou o triunfo do espírito da aritmética em desenvolvimento na Europa. Em países como a Alemanha, por exemplo, a palavra *statistik* prevaleceu com a ambição do conhecimento sintético para o conjunto da população, frente às múltiplas descrições de estados, impérios e principados do mundo. Em 1756, por exemplo, a Alemanha e a Inglaterra criaram os primeiros organismos oficiais de estatística, enquanto a França somente instalou o seu primeiro ofício central de pesquisas em 1794.

No século XIX, os números foram assumindo crescente centralidade na agenda das políticas governamentais, como medidas de comportamento adotadas para fundamentar as forças sociais e políticas com base no sistema de estatísticas das nações. A controvérsia das escolhas incorporadas por medidas e decisões sobre o estado e a demografia da nação decorreu do indispensável papel exercido na governança mundial dos territórios e das populações pelos Estados modernos.

Para tanto, houve a necessidade de estatísticas harmonizadas, permitindo comparabilidade entre países e que os governos ordenassem políticas e negócios econômicos associados à perspectiva das nações do Norte Global. Sobretudo no século XX, especialmente a partir do final da Segunda Guerra Mundial (1939-1945), organizações internacionais como a Liga das Nações e, posteriormente, as Nações Unidas (Organização Mundial do Comércio, Fundo Monetário Internacional, Banco Mundial e outras) serviram de parâmetro para as decisões de investidores internacionais, baseadas em avaliações prévias segundo os dados oficiais dos países.

Como as estatísticas econômicas encontram-se longe de serem neutras, cabe não esquecer que os termos conceituais carregam em boa medida a prévia visão liberal de mundo. A começar pelo fato de que os padrões de medição foram ancorados no projeto de modernidade ocidental, cuja atividade de manufaturas, concebida como setor econômico dominante, favoreceu o propósito da cadeia de riqueza, produção e comércio externo global, centrado originalmente na Europa e, posteriormente, nos Estados Unidos.

Mas, para isso, as comunidades epistêmicas externas assumiram relevância estratégica na aceitação e internalização da produção dos dados oficiais nacionais. A motivação intrínseca dos intervenientes no processo de construção de estatísticas seguiu normas e padrões próprios dos países do Norte Global.

Por "comunidades epistêmicas" compreende-se um conjunto coerente e partilhado de crenças (normativas, de princípios e causais), a moldar a validade oficial por segmentos especializados da população em torno da convergência de uma agenda comum. Em geral, as comunidades epistêmicas cooperaram com governos na implementação da produção profissionalizada do sistema estatístico nacional, proveniente de parâmetros internacionais padronizados que servem de formulação das próprias políticas adotadas pelos países.

A expansão harmonizada das estatísticas nacionais, assim como dos indicadores de comparabilidade internacional, permitiu constituir o modo pela qual o domínio do projeto de modernidade ocidental se desenvolveu e se consolidou – enquanto integrador de especialistas nacionais nas comunidades epistêmicas internacionais.

Nesse sentido, o presente capítulo busca resgatar a experiência brasileira de formação da comunidade epistêmica a partir do Segundo Reinado, iniciado em 1840, quando ocorreu a longeva transição para a construção do sistema estatístico oficial. As três partes a seguir retratam a atuação da primeira instituição oficial de estatística brasileira, que entre 1871 e 1930 percorreu tanto o restante do período imperial (1871-1889) como a República Velha (1889-1930).

Em pleno agrarismo, o Brasil construiu o seu sistema estatístico oficial, que transitou da sociedade escravista para a de classes forjada sob o capitalismo periférico. A sua integração à Divisão Internacional do Trabalho transcorreu de modo compatível com a de um país periférico, subdesenvolvido e dependente pela forma de submissão às trocas internacionais desiguais – enquanto produtor e exportador de produtos primários, e importador dos bens e serviços industriais de maior valor agregado, conteúdo tecnológico e gerador de empregos de qualidade.

1.1 Antecedentes da DGE: a longeva demora na criação dos dados estatísticos oficiais (1820-1870)

Originalmente concentrada na Europa – em transição do agrarismo para a sociedade urbana e industrial –, a produção de estatísticas foi sendo gerada esparsamente e acompanhada por uma linguagem teórica revelada por seus atores relevantes, motivações e decisões metodológicas. Para tanto, foi necessária a conformação de comunidades epistêmicas com domínio específico e postura de autoridade temática perita no uso de dados pela estatística. Tais comunidades fundamentaram-se no conjunto compartilhado de normas e princípios científicos que moldou a noção de validade do conhecimento especializado.

Após a Revolução Francesa (1789), o potencial das estatísticas serviu de fonte reveladora do estado da nação por meio de uma estrutura totalmente nova de medição e coleta nacional dos dados. A uniformidade da coleta de dados, com supervisão de um quadro centralizado de especialistas, pertencentes ao primeiro instituto oficial de estatística – que surgiu em Paris em 1800 –, foi parte integrante da república governada centralmente, que buscou estabelecer uma sociedade unificada e igualitária.

Nos Estados Unidos, apenas quatorze anos após a conquista da Independência (1776), ocorreu a realização do primeiro censo demográfico do país em 1790. Conduzido por marechais federais, o censo nacional seguiu a exigência da Constituição para determinar a representação no Congresso e a alocação de impostos.

Pela constituição da esfera pública, irradiada pelo Iluminismo, as estatísticas oficiais passaram a desempenhar um papel fundamental do Estado moderno. Assim, na primeira metade do século XIX, difundiram-se as experiências nacionais de medição estatística, a permitir a compreensão da realidade estudada localmente por instituições nacionais, como a *Deutsche Naturforscher Versammlung*, fundada em 1822, a *British Association for the Advancement of Science*, em 1831, e o *Congressi degli Scienziati Italiani*, em 1839.

A partir dessas experiências nacionais, a busca de padronização das normas estatísticas entre diferentes países europeus ganhou importância na década de 1850. Entre 1853 e 1876, por exemplo, aconteceram nove congressos internacionais de estatística em vários países europeus, congregando mais de cinco mil participantes, em sua maioria pertencentes às nações do Norte Global. Ao todo, foram vinte e seis países que estiveram representados por seus principais especialistas nos congressos internacionais de estatística.

Um dos principais objetivos desses congressos foi a constituição do sistema unificado de informações fundantes do padrão conceitual e metodológico de estatísticas – de uso por funcionários das nações interessadas. Para isso, houve a recomendação de que cada governo nacional estabelecesse uma Comissão Estatística Central, a conceder uniformidade e padronização das estatísticas por medidas estabelecidas na visão eurocentrista de mundo (Randerrad, 2010; Woolf, 1989; Porter, 1986; Huber, 2006; Brian, 1989; Chatzis, 2007).

Em sequência, na mesma linha geopolítica de construção da hierarquia mundial, desde o imperialismo inglês enquanto centro da Primeira Revolução Industrial, está a defesa do comércio livre, que ganhou expressão com a Grande Exposição de 1851, marcada pela acumulação de várias abordagens transnacionais. Naquela oportunidade, o astrônomo e estatístico belga Adolphe Quetelet (1796-1874), considerado o "pai das estatísticas públicas" e motivador da internacionalização dos dados oficiais, reuniu um pequeno círculo de especialistas de vários países da Europa, os quais decidiram realizar o primeiro congresso internacional de estatística em Bruxelas, no ano de 1853.

A onda de congressos internacionais na segunda metade do século XIX foi responsável pelo estabelecimento das ligações iniciais entre países sobre as várias iniciativas científicas. Naquela época de difícil acesso e deslocamento, a estatística assumiu o nobre conceito associado à "boa administração pública", coincidindo com a experiência exitosa da Era Napoleônica da França.

Da mesma forma, as estatísticas também passaram a ser adotadas como suporte das ciências sociais e comportamentais. Pelos estudos desenvolvidos sobre demografia e nações, a preocupação com o exercício da governança de populações e territórios emergiu enquanto instrumento orientador da tomada de decisão política pública, o que potencializou o funcionamento moderno dos governos.

A comunidade epistêmica que se constituiu em torno dos congressos internacionais formou a base pela qual se formou a subsequente autoridade transnacional das estatísticas. Em 1885, foi criado o Instituto Internacional de Estatística, responsável pelos esforços de difusão do modelo nacional dos institutos.

Dessa forma, a definição de metodologia científica e a uniformidade do padrão de apuração e difusão de dados oficiais constituíram a referência mundial, tendo a realidade evidenciada na Europa como centro do capitalismo avançado nos países do Norte Global. Assim, a credibilidade dos números e do conhecimento metodológico científico, no uso das estatísticas, não deixou de expressar um problema de natureza social e moral de bases nacionais, a ser homogeneizado por um padrão adotado mundialmente.

Ao mesmo tempo, interessa destacar que a fase liberal do experimentalismo estatístico internacionalista, dominado pela expressão política da liberdade dos mercados, sofreu uma importante inflexão, decorrente da geração de estatísticos nacionalistas a se insurgir contra a crença de que a ciência estatística seria neutra. A concretização da uniformidade estatística pressupôs que os fatos e números subjacentes seriam comparáveis independentemente da distância da realidade do conjunto do mundo – distância em relação à rápida modernização em curso no interior dos países do Norte Global, ao final do século XIX.

De todo o modo, o padrão da estatística moderna contribuiu para a perspectiva de que as populações poderiam ser controladas e gerenciadas a partir do conhecimento impessoal da realidade, manifestada em suas múltiplas dimensões. Assim, a governança de populações e territórios esteve, direta ou indiretamente, vinculada à possibilidade de alguma reforma social que pudesse, inicialmente, enfrentar problemas como o crime, a pobreza, as doenças, a prostituição e outros.

O desenho estatístico do século XIX também colaborou com insumos significativos nos estudos e investigações a respeito dos orçamentos dos operários, trabalho das mulheres e crianças, habitação e condições de saúde das famílias nas cidades. A produção estatística dos dados permitiu revelar a realidade estudada, sem oferecer, porém, a maior capacidade de modificá-la, pois tal produção pertencia ao plano da abordagem descritiva.

Para o Brasil, o acesso ao conhecimento trazido de fora foi, em grande medida, originário da dependência nas decisões da colonização portuguesa. Com a independência nacional, a sujeição prosseguiu conivente com o saber dos que estudavam no exterior, dos migrantes e das conferências e parcerias técnicas construídas ao longo do período imperial (1822-1889).

Destaca-se que o sistema de dominação colonial instalado na América Portuguesa se preocupou com a interiorização de atividades econômicas, voltadas fundamentalmente ao atendimento dos interesses do exterior. Coube à Igreja Católica, por meio da educação em diversos níveis, mas sem acesso à universidade, a inserção na população colonial das ideologias da Coroa que legitimavam o modo de exploração e violência praticado pela dominação lusitana. Após a Independência, a universidade no Brasil seguiu sendo postergada, tendo sido somente implementada no início do século XX.

Diante disso, a adoção de um sistema estatístico nacional resultou da demora equivalente a um longo e penoso parto. Após mais de três séculos de colonialismo português, os levantamentos de dados seguiam destoantes de uma metodologia consistente e comparável no tempo, cujas raras contagens populacionais eram voltadas fundamentalmente aos interesses do dimensionamento militar e da tributação de caráter local.

Por esses objetivos, as listagens para fins militares e de tributação estavam, em geral, assentadas no poder das paróquias, sem zelar pela precisão e continuidade metodológicas. O desinteresse de uma parcela da população na participação dos levantamentos tradicionais, impostos pelos colonizadores, decorria do foco relacionado ao pagamento de impostos e à demanda de recrutamento militar. A formação dos dados oficiais, associados ao planejamento e organização do Estado, seguia sendo postergada no tempo (Oliveira, 1866; Silva, 1986; Hakkert, 1996).

Pela conjuntura estabelecida a partir da Independência, bem como ao longo do Primeiro Reinado (1822-1831) e do Período Regencial (1831-1840), a preocupação governamental com o sistema estatístico esteve presente em várias iniciativas, porém sem o êxito de sua constituição e implementação. Prevaleceu, em certo sentido, a preocupação elitista, como a construção do Estado, a partir de 1822, fortemente influenciado e descendente do Estado lusitano.

Na primeira metade do século XIX, por exemplo, prevaleceu a perspectiva das estatísticas como expressão continuada das contagens demográficas oriundas do período colonial. De um lado, havia o domínio de um corpo de coletadores de dados populacionais formados por inspetores e capitães de ordenanças, somente substituídos por juízes de paz e delegados de polícia no Segundo Império (1840-1889). De outro, a inconstância de metodologias e quesitos conceituais se manteve presente nos levantamentos demográficos locais, com variação na classificação dos diferentes segmentos da população. Nesse mesmo sentido, o registro da incorporação ou não de indígenas, escravos, ex-escravos, bem como a diversidade na definição entre cor, como negros (ascendência africana), caboclos (indígenas) e brancos, e a sua agregação na mestiçagem, como crioulos (descendentes africanos) e pardos e mulatos (mistura racial).

Pode-se concluir, assim, que a produção de dados oficiais durante o nascimento e consolidação do Império no Brasil guardou relação com o que havia sido deixado pela experiência pregressa da colonização portuguesa. Ou seja, relação com o interesse estatal, voltado para finalidades estritamente tributárias e militares tanto no Primeiro Império como no Período Regencial.

Já na Assembleia Constituinte de 1823, por exemplo, houve menção à necessidade do país quanto a poder contar com dados estatísticos e mapas topográficos nacionais. A legislação específica, adotada naquele mesmo ano de 1823, determinou aos governos provinciais a criação de conselhos para a produção de censos populacionais.

Mas, sem a organização estatística central, a finalidade dos levantamentos populacionais da época evocou o espírito policialesco em cada localidade, para adotar dados paroquiais de batismo, casamento, óbito e demais listas de eleitores, pagadores de impostos e registros de terras. O ano de 1829, por exemplo, assinalou a criação da Comissão de Estatística da Corte, voltada à realização dos limites territoriais do Império, além da realização de mapas e do arquivo nacional. Quatro anos depois, em 1833, já no Período Regencial, mais um ato legal terminou por definir a Comissão Censitária, sem que houvesse, contudo, algum resultado concreto.

Por outro lado, pode-se perceber que no Segundo Reinado (1840-1889) a atuação do Estado foi sendo acompanhada por novidades importantíssimas na formação de um sistema de dados oficiais. A questão eleitoral, por exemplo, era permeada de questionamentos permanentes a respeito da dimensão populacional, relacionada à definição do conjunto de eleitores, ao controle do sistema de locais de votação e ao critério de qualificação de eleitores e candidatos.

Para tanto, a Comissão Censitária foi recriada em 1850, acompanhada da aprovação pelo Parlamento da emenda ao projeto de orçamento de 1851 e 1852, que autorizou a realização do censo geral do Império. Destacam-se também as definições legais conjuntas à realização do censo demográfico, que foram autorizadas em 1850 pelo Imperador D. Pedro II (1825-1891).

Percebe-se que o objetivo da realização do primeiro censo demográfico esteve inserido num contexto mais amplo, associado à transição gradual para o sistema capitalista no Brasil. O ano de 1850 foi expressão disso, com a aprovação do pacote legislativo voltado à legalização da propriedade privada (Lei de Terras), ao fim do tráfico negreiro (Lei Eusébio de Queirós) e à criação do código comercial que extinguiu o domínio das corporações de ofício (Lei 556). Dos quatro pilares essenciais adotados pelo Gabinete Conservador em 1850 (censo, terras, comércio escravista e código comercial), somente o recenseamento geral da população não foi executado.

Isso porque a passagem de 1851 para 1852 foi marcada por intensa convulsão popular contra a realização do censo demográfico. Como resultado dessa popularização inverídica, quanto à hipótese de a primeira contagem nacional da sociedade servir para reescravizar a população livre e não branca, elevar impostos e o recrutamento militar, ocorreu uma forte reação popular, sobretudo nas províncias do Nordeste, onde se concentrava o elevado estoque de escravos no país.

Diante do fim do tráfico negreiro, que teria por consequência o esgotamento da oferta de escravos no Brasil, a realização do censo demográfico passou a ser falsamente associada a uma espécie de "lei do cativeiro", que seria implantada pelo Império para escravizar negros e pardos que ainda se encontravam livres no país. Por isso, as várias manifestações de oposição realizadas por grupos armados, que "zumbiam" como abelhas e marimbondos, impossibilitaram a primeira iniciativa estatística censitária em 1852, que não contava, inclusive, com a definição de cor no questionário daquela época.

Em diversas vilas e cidades do Nordeste, principalmente nas províncias de Pernambuco, Alagoas e Paraíba, proliferaram aglomerações em frente a prédios públicos para protestar, inclusive com o uso de armas. A contrariedade à realização do primeiro censo do Brasil também partiu da Igreja Católica, que temia perder o controle das listas de casamentos, nascimentos e mortes em função da obrigatoriedade de o registro civil passar a ser realizado pelo Estado, o que ocorreu somente depois, com a instalação da República em 1889.

Todo o conflito gerado em torno da inviabilidade da realização do censo demográfico não deixou de revelar o descompasso na época, existente entre o esforço do Império de centralizar a governança da população e a força da realidade de sua gestão estatística, descentralizada desde a administração colonial portuguesa. Com apenas três décadas de existência, a ordem monárquica e o Estado imperial, nascidos da Independência de 1822, ainda não tinham produzido o sentimento pleno de nação e de identidade populacional.

Em resumo, a incompletude do Estado num país em formação, após mais de três séculos de colonialismo fundado na escravidão e violência sem mediação de qualquer ordem, comprometeu e postergou a formação do sistema estatístico nacional. Em certo sentido, prevaleceu a contradição entre o país oficial e o real, própria da fragilidade de comunidades epistêmicas e da elite política, que seguiam limitadas e submetidas a uma rígida estrutura social, regida por proprietários rurais e de escravos diante da massa humana composta por negros ocupados com trabalho forçado e por brancos e miscigenados livres, sobrantes e destoantes da ordem escravista.

Desde sua criação em 1838, sob a proteção e o financiamento de D. Pedro II, o Instituto Histórico e Geográfico Brasileiro (IHGB), de inspiração francesa (Institut Historique de 1834), reunia um conjunto de personalidades destacadas da elite política, econômica e literária do Rio de Janeiro e de sucursais em outras províncias do Império. Além de coletar, organizar e arquivar documentos histórico e geográficos do país, o IHGB propagava o conhecimento científico obtido, muitas vezes, em associação com instituições estrangeiras.

Pela publicação da revista do instituto, o IHGB alçou a função de comunidade epistêmica, sobretudo na segunda metade do século XIX, como centro dos estudos e pesquisas que subsidiaram a política cultural e a narrativa oficial do Brasil, conduzido pela elite do Império. Nesse sentido, o exercício de pensar a nação com fundamento histórico e geográfico, definidor do território, refletiu a visão da elite política e intelectual dominante da época, demonstrando o interesse do estudo da sociedade e de sua identidade nacional por intermédio da adoção de estatísticas oficiais, a fomentar decisões de políticas públicas.

Com isso, as preocupações com os levantamentos censitários e com as demais medidas estatísticas do início da nação foram sendo moldadas por uma comunidade epistêmica – mais preocupada com políticas públicas e orientada pela representatividade eleitoral baseada na contagem populacional. Mas isso se tornaria a realidade nacional somente duas décadas após o insucesso da iniciativa governamental de realização do censo demográfico em 1852.

1.2 A DGE no Império (1871-1889)

Na década de 1870, o sucesso da implantação da Diretoria-Geral de Estatística (DGE) resultou da maturidade com que o tema das estatísticas nacionais foi sendo incorporado na agenda oficial do Império, em pleno domínio da sociedade agrária. Também tem importância o avanço do trabalho das comunidades epistêmicas em formação naquela época.

A instituição da DGE em 1871 (Decreto n. 4.676) foi a primeira medida efetiva do Império na construção do sistema de dados estatísticos oficiais no país. A Lei do Censo de 1870 (n. 1.829) e a do registro civil dos nascimentos, casamentos e óbitos foram uma iniciativa incansável do Visconde de Itaboraí (Joaquim Torres, 1802-1872), que havia sido presidente do Conselho de Ministros do Império entre 1868 e 1870, e entre 1852 e 1853, e, ainda, ministro do Gabinete Monte Alegre (1849-1852), responsável pela tentativa frustrada de realizar o primeiro censo demográfico em 1852.

Duas contribuições podem ser identificadas como fundamentais para o sucesso da criação da DGE e de sua efetiva ação, realizadora de quatro censos demográficos sucessivos (1872, 1890, 1900 e 1920) entre 1871 e 1930. A primeira contribuição da DGE refere-se ao papel ativo e crescente das comunidades epistêmicas, acumulado entre as décadas de 1850 e 1870.

Com a cessação do tráfico transatlântico de escravos, em 1850, até o final da Guerra do Paraguai, em 1870, a liberação de elevadas somas de capital irrigou a economia de mercado interno simultaneamente às atividades vinculadas ao comércio exterior. O salto econômico expansivo reforçou a preocupação nacional em se internalizar a modernização que era praticada sobretudo na Europa.

Ressalta-se, nesse sentido, a contribuição resultante do acompanhamento por brasileiros nos congressos internacionais de estatística da segunda metade do século XIX. Mesmo que a participação presencial do Brasil tenha sido oficialmente registrada somente em 1872, no Congresso de São Petersburgo, registra-se a internalização do conhecimento específico da estatística por meio da Sociedade Estatística do Brasil (SEB), fundada em 1854 sob a liderança do Marquês de Monte Alegre (José Carvalho, 1796-1860), presidente do Conselho de Ministros entre 1849 e 1852, que instituiu sem sucesso a Lei do Censo de 1850.

Pela SEB estaria definida certa internacionalização do padrão de estatística oficial, proveniente da defesa da sistematização de coleta e de metodologia científicas. Estas seriam adotas pelo Império por meio de uma instituição nacional que operasse em sucursais nas províncias, com ensino e publicação de estudos. Embora tenham sido esses os objetivos iniciais da SEB, pouco avanço ocorreu no interior da comunidade epistêmica existente no Brasil daquela época (Poubel, 2010; Senra, 2006).

Mesmo assim, não se deve esquecer que no Império havia destacadas informações quantitativas a servir ao processo eleitoral, que era organizado pelo controle eclesiástico da vida local da população (registros e contagens de populações). Assim, a quantidade de domicílios (número de fogos) definia a unidade da contagem tanto para a demanda eleitoral como para ações de saúde, especialmente em situações de epidemias comuns no século XIX.

Apesar disso, foi somente em 1870, com Joaquim Norberto de Souza e Silva (1820-1891), escritor e historiador membro do IHGB, que terminou sendo apresentado o importante estudo circunstanciado a respeito da necessidade de realização do recenseamento populacional no Império. Para tanto, o destaque especial à construção das estatísticas oficiais no Brasil veio a público com a nova legislação do Império.

A segunda contribuição da DGE decorre do protagonismo nascente da construção do sistema de estatísticas oficiais. Três elementos de natureza política concederam confluência histórica fundamental para isso.

Em primeiro lugar, a solução encontrada para a crise ministerial que ameaçou derrubar a instituição monárquica, decorrente das disputas entre conservadores e liberais sobre o poder moderador e a atuação do senado vitalício. A volta dos gabinetes ministeriais ocupados pelo Partido Conservador entre 1868 e 1875 permitiu, em sucessão à experiência do Partido Liberal (1864-1868), retomar a inciativa de montagem do sistema estatístico oficial no Império. Para isso, a Assembleia Geral recepcionou novamente o projeto de lei de 1870, que terminou definindo a realização do primeiro censo demográfico do Império e do registro civil dois anos depois.

O segundo elemento da confluência histórica ocorreu com o abalo trágico produzido pelos cinco anos da Guerra do Paraguai (1864-1870), o maior conflito bélico da história da América Latina. Com o grande número de mortos (uma estimativa de 40% dos 120 mil brasileiros que lutaram na Guerra do Paraguai morreram) e com a proliferação de diversas doenças e epidemias em centros urbanos da época, inclusive na capital do país, a escassez de informações populacionais ficou evidente, expondo os limites de políticas públicas do Segundo Império, sem contar com o conhecimento da demografia nacional.

Por fim, o terceiro elemento da confluência histórica deveu-se à aprovação da abolicionista Lei do Ventre Livre, em 1871. A partir de então, as mulheres escravizadas que viessem a dar à luz teriam assegurada a seus bebês a liberdade em solo brasileiro, o que terminou por impactar o conjunto mobilizável de possíveis ocupados na época. A necessidade de conhecer a totalidade da população escravizada, sobretudo do sexo feminino, havia se tornado imprescindível para a elite proprietária de terras e de escravos.

Com o positivo parecer emitido pela Comissão de Estatística da Câmara dos Deputados, as estatísticas oficiais foram concebidas como parte integrante do serviço público. Seguiu, assim, a trajetória do projeto de modernidade ocidental, a compreender tanto as convenções do Estado como a condição de país civilizado fundado na existência de estatísticas oficiais.

Apesar de sua aprovação na Câmara e no Senado, o projeto de lei do censo sofreu contestações políticas. De um lado, a resistência orçamentária praticada pela política de austeridade fiscal tornou restritivos os gastos ampliados com a realização do censo populacional. De outro, havia a incerteza sobre as possíveis reações populares às respostas censitárias, tendo em vista a simultaneidade da implantação do registro civil.

A rebeldia popular e a oposição da Igreja Católica, conforme verificado entre 1851 e 1852, não se tornaram evidente, o que permitiu a realização satisfatória do censo em 1872. De certa forma, a convergência instalada entre a comunidade epistêmica e a elite política, econômica e social do Império favoreceu a aplicação da Lei do Censo, que marcou a constituição do sistema de dados oficiais no Brasil sob a liderança da DGE.

A realização do censo demográfico de 1872 se transformou na única e grande produção estatística do Império. Isso porque a internalização do padrão estatístico moldado no exterior se fez presente por meio da instalação de uma agência central de estatística. Esta veio acompanhada da adoção de um modelo de pesquisa assentado tanto na determinação da data de referência censitária, no território nacional, quanto no registro de orçamento dos recursos próprios e dos mínimos espaços geográficas para a coleta dos dados.

Na comparação entre os quatro censos demográficos conduzidos pela DGE entre 1871 e 1930, destaca-se que o Censo de 1872 só perderia em qualidade para o realizado em 1920. Nesse sentido, pode-se ressaltar a importância do papel da comunidade epistêmica na internalização das recomendações conceituais, assim como na internalização da produção dos dados oficiais, conformados nos congressos internacionais de estatística.

Tanto assim que, em 1860, o Brasil enviou como emissário o Barão de Penedo para acompanhar as resoluções consensuais e polêmicas identificadas no congresso internacional de estatística, realizado em Londres. Doze anos depois, em 1872, o Brasil participou oficialmente pela primeira vez – com uma equipe liderada pelo Visconde de Porto Seguro (Francisco Varnhagen, 1816-1878) – no Congresso Internacional de Estatística de São Petersburgo.

Com isso, o Brasil passou a fazer parte do seleto grupo de países que realizavam censos demográficos, o que não era simples e generalizado naquela época de predomínio das sociedades agrárias. Ressalta-se que, no mesmo ano de 1872, por exemplo, a Índia se propôs a realizar também o seu primeiro censo demográfico, porém sem sucesso.

Também interessa notar que o censo realizado no Brasil em 1872 terminou por se distanciar de algumas temáticas tratadas nos congressos internacionais de estatística da segunda metade do século XIX, especialmente aqueles relacionados à cor e à língua identificadas no Norte Global como definidoras de nação. Essa perspectiva estava presente na determinação da cor e em sua composição racial, a se constituir como marcador da diversidade social e da variedade de línguas faladas – diversidade e variedade que, no mesmo espaço geográfico, potencializaram os discursos raciais.

Note-se que na proposta do Censo de 1852 estava prevista a descrição das tribos indígenas e caboclas (descrição de línguas), o que não se fez presente nos questionários do Censo de 1872. Percebe-se, portanto, o quanto o sistema estatístico brasileiro atendeu a clivagens de comunidades epistêmicas próprias da elite letrada imperial, referentes ao imaginário de civilização e progresso para uma nação culturalmente homogênea e europeizada por estrutura de cor e de condição social.

Apesar do sucesso empreendido pela DGE, ela não conheceu longa existência sob o regime imperial. Em 1879, sofreu o seu primeiro encerramento, após ter sido publicado o resultado final do Censo Demográfico de 1872.

De toda maneira, a concepção liberal de estatística como ciência de Estado estava implementada no Brasil assentado na sociedade escravista e agrária. A produção centralizada do sistema estatístico oficial pelo Império permitiu conceder os primeiros passos da governança da população e do território nacionais. A DGE retratou a sociedade possível da época, sobre a qual os donos do poder exerciam o controle das possibilidades de conhecimento da nação.

1.3 A DGE na República Velha (1889-1930)

Com a extinção da Diretoria-Geral de Estatística em 1879, o governo do Império deixou de realizar o censo demográfico previsto para 1880. Na realidade, a DGE foi reduzida a uma simples Seção de Estatística pertencente à Secretaria de Estado dos Negócios do Império, respondendo por informações setoriais e dados específicos aos interesses governamentais mais imediatos.

Com a abolição da escravatura em 1888 e a superação do Império pela instalação da República em 1889, tal Seção de Estatística foi convertida na Diretoria-Geral de Estatística, restaurada. Dessa forma, a legislação de 1871 foi retomada pela República, nascente no ano de 1890 com a finalidade de realizar o segundo recenseamento geral da população.

Ao mesmo tempo, a nova DGE assumiu também a responsabilidade pelos registros civis de casamento, nascimento e óbito. Era o resultado direto da separação entre Igreja e Estado, que, sob a condução laica, tenderia a responder pela produção e gestão dos dados oficiais básicos na governança da população e do território nacionais.

A ascensão da Primeira República (1889-1930), fundamentada na ordem liberal, recuperou o movimento da descentralização do Estado nacional. Com as unidades federativas empoderadas pela autonomia descentralizadora que foi garantida na Constituição de 1891, a perspectiva de constituir uma instituição nacional de estatística ficou comprometida, mantida a estrutura enfraquecida tradicional pela antiga DGE.

Seguiu-se, assim, os pressupostos próprios da internalização metodológica, trazida pelos congressos internacionais de estatística e pela Associação Internacional de Estatística, que refletiam conceitos e procedimentos metodológicos próprios da realidade eurocentrista.

Por isso, temas como a cor e a raça da população ocuparam espaços privilegiados na execução, coordenação e análise dos dados estatísticos ao longo da existência da DGE entre 1890 e 1930.

A necessidade de cotejamento dos dados oficiais nacionais, sobre a ampla realidade brasileira da população, economia, política e administrativo governamental, se tornou central em relação às estatísticas internacionais. Mesmo que o atraso nacional fosse evidente em relação à realidade dos países do Norte Global, a centralidade europeia prevaleceu na construção de conceitos e procedimentos metodológicos na atuação do instituto de estatística nacional.

Destaca-se que, no período de 1815 a 1914, a Inglaterra exerceu a condição de farol da governança de populações e territórios. A partir da posição de centro da hierarquia mundial, gerada tanto pela força modernizante do desenvolvimento capitalista avançado quanto pela ordem fundada no poder das armas, da moeda de curso internacional e do padrão tecnológico, a hierarquia mundial foi sendo estabelecida.

Nessa perspectiva, a DGE conduziu, em quarenta anos de existência da República Velha, a realização de três censos demográficos (1890, 1900 e 1920). Mesmo com a execução censitária, os problemas relativos à restrição orçamentária e aos conflitos políticos terminaram expondo debilidades na apuração e difusão dos dados oficiais, inclusive com a suspensão dos censos demográficos nas décadas de 1910 e 1930.

A mudança do regime de governo da Monarquia para a República fortaleceu a descentralização administrativa, conforme observado durante o Período Regencial (1831-1840). Distante da centralização administrativa e política do Império, o federalismo descentralizado, praticado pela República Velha, não se mostrou capaz de impulsionar o sistema nacional de estatística, contemporâneo às primeiras transformações e consequências da transição do agrarismo para a moderna sociedade urbana e industrial.

Especialmente com o avanço do capitalismo nascente no início do século XX, houve o impulsionamento da reestruturação econômica, numa sociedade moldada pela formação competitiva de classes e de frações de classes sociais, até então desconhecidas pelas medições estatísticas e dados oficiais. As modificações no mundo do trabalho agrário, ancorado na relação do senhor de terras, e escravista com os ocupados pelo trabalho forçado, conformaram a base da formação no mercado de trabalho livre, com instituições e regras de relacionamento mercantis próprias do capitalismo.

Ao mesmo tempo, a emergência do Estado liberal pela República operou com este sendo fundamentado no modelo econômico primário-exportador. Para tanto, o manejo da governança de populações e territórios esteve fortemente influenciado pela política dos governadores e das alianças entre oligarquias agrárias locais, que operavam no âmbito da descentralização do federalismo de especificidades nacionais.

Nesse contexto, a DGE permaneceu submetida ao comando setorial dos governos republicanos, reproduzindo certa experiência herdada do passado imperial. A instabilidade institucional prevaleceu diante de uma sequência de deslocamentos: da subordinação da DGE no Ministério da Justiça e Negócios Interiores para o Ministério da Indústria, Viação e Obras Públicas, e, mais tarde, para ao Ministério da Agricultura, Indústria e Comércio.

Ademais, a DGE seguiu sofrendo impasses de natureza política e orçamentária. Apesar disso, não deixou de agregar novas e importantes atribuições funcionais, como os estudos sobre transporte, correios e telégrafos, obras públicas, indústria, território, topografia e outros.

Da mesma forma, a propagação de doenças e epidemias no Brasil do final do século XIX colocou ao DGE outros desafios significativos em seu papel central de consolidação das estatísticas oficiais. Com o fenômeno da urbanização sem prévio planejamento, e com o avanço de certos procedimentos voltados à urbanização de grandes cidades na época, houve o importante reforço da DGE com a presença diretiva de médicos e demógrafos sanitaristas (Aureliano Gonçalves de Souza Portugal [1851-1924] e José Luiz Sayão de Bulhões Carvalho [1866-1940]).

A gravidade da pandemia de Gripe Espanhola de 1918, os impactos da Primeira Guerra Mundial e a Grande Depressão de 1929 também marcaram a atuação da DGE no começo do século XX. Com isso, a Diretoria-Geral de Estatística se fortaleceu, implementando o Conselho Superior de Estatística, composto por até 50 membros em linha com as recomendações provenientes dos congressos internacionais.

Os embates políticos internos, com disputas acirradas entre oligarquias agrárias, os descontentamentos no interior dos segmentos de rendimento intermediário, como servidores públicos civis e militares, e, ainda, os conflitos que emergiram da própria relação entre o capital e o trabalho também abriram espaços para o surgimento de movimentos em defesa do projeto de sociedade urbana e industrial. A Semana de Arte Moderna e o movimento tenentista, por exemplo, impactaram as condições gerais de operacionalização da DGE.

Tanto assim que a instabilidade da Diretoria-Geral de Estatística levou à tentativa de sua reorganização em torno da transformação – como em 1911 terminou resultando na Diretoria do

Serviço de Estatística. Essa alteração terminou durando relativamente pouco tempo, uma vez que a reorganização institucional da Diretoria-Geral de Estatística, em 1915, ampliou suas atribuições funcionais com biblioteca, arquivo, cartografia, topografia, orografia, hidrografia, climatologia e outros.

Assim, o processo de internalização do modelo de estatísticas oficiais seguiu sendo adotado ao longo dos governos da República Velha. Em consonância com o projeto de modernidade ocidental, o Brasil destacou o resultado alcançado pelo Censo de 1920, ao contemplar, na Exposição Universal do Rio de Janeiro, o Pavilhão da Estatística como uma conquista civilizatória da República, contendo uma diversidade de inéditos estudos, quadros, gráficos, cartografias e mapas sobre o Brasil.

O progresso nacional apresentado pelo sistema de dados oficiais reforçou a visão eurocêntrica da utilização da estatística como ciência da certeza ocidental. Da mesma forma, as modificações implementadas nos questionários das pesquisas e censos realizados até então buscaram redefinir metodologias e conceitos sobre a atividade produtiva, os setores econômicos e a ocupação.

Isso porque já estava em curso a intervenção do setor privado na produção dos dados de natureza econômica, conforme a realização do primeiro inquérito industrial em 1907, conduzido pelo Centro Industrial do Brasil, criado no Rio de Janeiro em 1904. A resposta da DGE ocorreu em 1920 com a produção do recenseamento geral do Brasil, que incorporou a contagem populacional, a indústria e a agricultura.

A novidade apresentada pela DGE evoluiu da população para a estrutura produtiva, consagrando as principais características organizacionais das empresas industriais e dos estabelecimentos agrários em operação no Brasil. Com isso, o país passou a deter a principal e mais completa investigação estatística territorial sobre a população e a produção econômica nacionais.

Mais um passo foi concedido em relação ao internacionalismo estatístico por internalizar recomendações dos congressos internacionais de estatística, os quais orientavam a geração dos recenseamentos agrícolas e industriais. Também colaboraram para isso tanto o Instituto Internacional de Estatística, fundado em Londres no ano de 1885 em defesa de censos econômicos, quanto a importante experiência dos Estados Unidos, que desde 1840 realizavam o Censo Geral da Agricultura – referência do governo de Abraham Lincoln (1809-1865) na adoção da Lei da Propriedade Rural (*Homestead Act*) de 1862, democratizadora do acesso às terras.

Para que a DGE pudesse realizar o recenseamento geral do Brasil em 1920, houve uma importante missão técnica enviada aos Estados Unidos durante a realização do 14º Censo da Agricultura deste país. Em 1919, a aprovação da Lei da Despesa Orçamentária garantiu a realização da primeira experiência de censo econômico centralizado na Indústria e Agricultura brasileiras.

Por outro lado, o recenseamento demográfico de 1920 procurou apagar a memória da escravidão, uma vez que terminou por não contemplar o tema de cor e raça. De certa forma, os governos republicanos procuraram alternativas para o enfoque da mestiçagem que se encontrava em curso, apesar do avançado projeto de branqueamento populacional, apoiado pelos estímulos governamentais à atração de imigração europeia.

Para além das mudanças conceituais, nota-se o quanto foi importante a introdução das novidades analíticas sobre a questão geográfica, trazida por autores destacados desde o final do século

XIX, como Euclides da Cunha (1866-1909) e Capistrano de Abreu (1853-1927). O aprofundamento da concentração populacional nas áreas litorâneas terminava por secundarizar a vida demográfica nos sertões, várias vezes vista como sinal de atraso civilizacional.

O modelo híbrido de análise estatística da geografia brasileira, situada entre a modernidade litoral e a tradição interiorana dos sertões, se encontrava contaminado pela presença crescente de convenções internacionais. Por isso, a prevalência da concepção estatística liberal da população identificava todos como pessoas comuns, com equivalências tratadas como superiores às diferenças entre os distintos segmentos sociais brasileiros.

Nesse sentido, terminou predominando a visão atomística da sociedade capitalista, conformada por indivíduos e suas agregações possíveis. Mesmo que o Brasil na época se encontrasse diante de uma sociedade profundamente desigual e hierarquizada, o governo de populações e territórios da República Velha amparava-se nas estatísticas harmonizadoras e individualizadas da demografia própria do projeto de modernidade ocidental.

Com o estreito aparato administrativo descentralizado e fragmentado do Estado liberal, a estrutura operadora e executora da produção de dados oficiais pela DGE dependia ainda, por um lado, da presença religiosa eclesiástica e, por outro, das formas de ocupações públicas fortemente influenciadas por elites patrimonialistas locais. Com isso, por exemplo, as comissões censitárias seguiam ainda submetidas à atuação de párocos, juízes de paz, delegados de polícia, entre outros, muitas vezes sem remuneração específica.

As recomendações dispostas na convenção internacional de estatística não eram atendidas, uma vez que o exercício da função pública se combinava, muitas vezes, com o duplo trabalho de prestação de serviços particulares, que eram próprios dos laços de clientelas e compadrios prevalecentes na tradicional sociedade agrária. Mesmo assim, o Brasil não deixou de se submeter ao internacionalismo estatístico, seguindo orientações de monitoramento das diferenças étnicas e culturais, pautadas pelos quesitos de cor/raça, língua falada e opção religiosa que favoreciam a fixação da branquetude do português e do catolicismo enquanto marcas europeias vistas como naturais dos brasileiros.

A internalização do conhecimento metodológico, conceitual e estatístico, proveniente de convenções firmadas nos países do Norte Global, possibilitou que os levantamentos e a disseminação dos dados oficiais no país expressassem a imagem nacional e do seu povo. Mas isso não deixou de expressar, em certo sentido, a visão das elites dominantes, em sintonia com a posição adotada pelas comunidades epistêmicas.

Em resumo, a formação e o desenvolvimento do sistema estatístico nacional desde 1871, com o Segundo Império tendo criado a Diretoria-Geral de Estatística, passando pela República Velha, serviram de expressão visual da população com características decorrentes do movimento de internacionalização do conhecimento estatístico.

Ao mesmo tempo, o sistema estatístico nacional permitiu aos governos de plantão apresentarem ao mundo os sinais da modernização civilizatória – isso por meio das informações oficiais sobre vários aspectos econômicos, sociais e políticos da nação. A realização de censos e a produção e difusão de informações oficiais refletiram o simbolismo da unidade nacional em um país de dimensão continental profundamente desigual.

Durante a sua vigência, a DGE apresentou uma contida capacidade administrativa, demonstrada em várias situações de instabilidades para retratar a realidade nacional, em mutação do agrarismo para a sociedade urbana e industrial no capitalismo tardio. A manutenção de uma instituição com servidores comprometidos exclusivamente com a produção de estatísticas de precisão entrou em choque com a prevalência do Estado mínimo liberal, operado pela descentralização federativa.

De todo modo, o sistema estatístico nacional, formatado durante a sociedade agrária e escravista (posteriormente capitalista), permitiu construir uma retórica oficial do país e de sua população. A partir da implementação inicial da autoridade estatística da nação, tornou-se possível romper com visões pretéritas e tradicionais, destoantes da moderna ciência definida por protocolos internacionais provenientes do projeto de modernidade ocidental.

A seguir, no próximo capítulo, desenvolve-se a análise a respeito do salto organizativo ocorrido no sistema estatístico nacional com a criação do Instituto Brasileiro de Geografia e Estatística. Mais do que suceder a antiga Diretoria-Geral de Estatística, própria das exigências da sociedade agrária, o IBGE constituiu parte fundamental da construção do Estado moderno, que, entre as décadas de 1930 e 1980, tinha estruturado o projeto constitutivo da nova sociedade urbana e industrial até a sua crise terminal, ocorrida a partir do final do século XX.

2. O Brasil urbano industrial e os dados oficiais do Instituto Brasileiro de Geografia e Estatística desde a década de 1930

Por mais de meio século o Brasil buscou superar seu passado histórico, constituído por uma trajetória comparável a ciclos econômicos assentados na produção de mercadorias, as quais eram dependentes da exploração de recursos naturais e de uso inicial do trabalho forçado. Posteriormente, esse trabalho passou a ser livre para o fundamental atendimento do mercado externo. Ainda na condição colonial, predominaram as principais culturas extrativas do pau-brasil, cana-de-açúcar e ouro, enquanto no pós-independência a fundamentação econômica esteve submissa, sobretudo, ao complexo cafeeiro herdado tanto do escravismo no Império quanto do capitalismo liberal da República Velha.

Nas décadas de 1930 a 1980, contudo, o protagonismo do novo padrão de acumulação voltou-se ao mercado interno. De fato, o projeto político desenvolvimentista levou avante a industrialização e a urbanização nacionais durante um período que se iniciou com a Grande Depressão capitalista, em 1929, seguida da Revolução de 1930, até o segundo choque do petróleo, em 1979, com a transição à ditadura civil-militar nos anos 1980.

Essa profunda transformação estrutural resultou do reposicionamento nacional na Divisão Internacional do Trabalho, que resultou da passagem da condição de economia primário-exportadora para a de complexa, diversificada e integrada, setorial e nacionalmente. Assim, o antigo e primitivo agrarismo foi cedendo lugar à modernidade da Era Industrial, conduzida pelo Estado desenvolvimentista.

Mas o ingresso passivo e subordinado do Brasil na globalização a partir de 1990 atacou de morte o "ciclo econômico industrial" pelo receituário neoliberal. Com isso, ocorreu o desmonte do projeto nacional desenvolvimentista, cada vez mais submetido ao predomínio das políticas de curtoprazismo centradas na gestão das emergências de uma sociedade urbana e industrial em ruínas.

A geração estruturadora da sociedade salarial, almejada por direitos sociais e trabalhistas universais, tombou diante da regressão social e econômica consagradora de privilégios aos ricos e poderosos – integrantes do financismo rentista e do extrativismo social e ambiental. Por décadas de estagnação da renda per capita nacional, tem prevalecido o retorno do modelo primário-exportador de commodities.

Nos anos de 1980, por exemplo, o Brasil chegou a responder por 3,2% do Produto Interno Bruto (PIB) mundial, detendo a sexta maior indústria do mundo, e apenas 2,7% de sua população era dependente de transferência de renda orçamentária para sobreviver. Quatro décadas depois, a fatia do Brasil no PIB global decaiu para 1,7%, enquanto ocupa a 16ª posição no ranking mundial de produção industrial e possui mais de 40% de sua população submetida aos programas de transferência de renda orçamentária para minimamente sobreviver.

Em compensação, o país se transformou no celeiro de alimentos do mundo, com o inegável perfil exportador de produtos primários a permitir que o estoque de reservas externas estabilizasse a moeda nacional. Ao mesmo tempo, teve a inédita posição alçada pelo Brasil na Divisão Internacional do Trabalho, enquanto exportador líquido de petróleo, capaz de financiar em moeda estrangeira a generalização da importação de bens e serviços da Era Digital.

Do ciclo político da Nova República, que sucedeu pelo alto a ditadura civil-militar (1964-1985), resultou a dominância de governos democráticos. A trajetória marcante, entretanto, tem sido a prevalência de uma gestão político-social das emergências impostas pelas tentativas de postergação da barbárie, instalada na sociedade de serviços com a crescente presença do novo sistema jagunço, por sua vez conduzido pelo fanatismo religioso e banditismo social.

Diante disso, a matéria brasileira considerada neste capítulo compreende a análise da realidade que decorre das principais transformações nacionais, retratadas nas informações oficiais do Instituto Brasileiro de Geografia e Estatística a partir de sua criação na década de 1930. Para isso, o período histórico de seis décadas, entre 1930 e 1980, é resgatado sinteticamente por meio do sistema nacional de estatística ao longo do projeto nacional desenvolvimentista.

Cabe também destacar que a modernidade trazida pelas atividades do IBGE não passaram imunes ao processo de internacionalização das estatísticas no século XX. A começar, por exemplo, pela atuação antecedente da Liga das Nações (1919-1939), que, no interlúdio de vinte anos entre as duas grandes guerras mundiais, avançou na internacionalização da padronização e harmonização estatísticas.

Em 1928, por exemplo, a Liga das Nações realizou a primeira Conferência de Estatística, que contou com a presença do embaixador brasileiro Júlio Augusto Barbosa Carneiro (1891-1989). De 1928 a 1939, os relatórios das Conferências da Liga das Nações sobre Estatística revelaram as pretensões dos fóruns intergovernamentais em definir conceitos e adotar modelos de comparabilidade na produção dos dados oficiais dos países.

Para isso, os esforços em torno da definição e classificação estatísticas ocorreram em várias dimensões das atividades econômicas e sociais, contando também com o apoio de instituições mais antigas, como a União Internacional das Telecomunicações (1865), a União Postal Universal (1874) e o Instituto Internacional de Estatística (1885). Em conformidade com a ação de comitês de peritos estatísticos, compostos por representantes sobretudo dos escritórios nacionais de estatísticos dos países do Norte Global (Europa e América do Norte), um conjunto de protocolos técnicos e convenções foi sendo aprovado e recomendado internacionalmente.

Contando com a participação de cerca de 40 países, as conferências de estatística da Liga das Nações se transformaram em eventos técnicos com evidente natureza política durante a primeira metade do século XX. Exemplos disso foram os relatórios aprovados sobre os dados do comércio externo e o modelo de questionário no Censo Agrícola Mundial, uma vez que o tema das contas nacionais não tinha ainda feito parte do receituário liberal ainda dominante na época.

Com o início da Segunda Guerra Mundial, o trabalho da Liga das Nações foi interrompido. Em simultâneo, os esforços de internacionalização dos procedimentos estatísticos focados na realidade dos países do Norte Global foram suspensos.

Foi somente oito anos depois, com o surgimento da Organização das Nações Unidas (ONU) substituindo a Liga das Nações no final da Segunda Guerra Mundial, que a implantação do Conselho Econômico e Social da ONU foi acompanhada da constituição da Comissão Estatística, em 1947. Um ano antes, em 1946, a Comissão já existia informalmente, tendo realizado sua primeira reunião em Nova Iorque, com a presença de alguns estatísticos provenientes dos Estados Unidos, Reino Unido, Índia, França, China e Noruega. Países como a União Soviética, Ucrânia e Brasil também foram convidados.

No primeiro relatório emitido pela Comissão Estatística, prevaleceu essencialmente o posicionamento de apenas dois estatísticos representantes dos Estados Unidos, uma vez que os outros representantes, de países como a Índia, China, URSS e Brasil, não conseguiram participar por motivos diversos. No caso do Brasil, a ausência de Mário Augusto Teixeira de Freitas (1891-1956) foi justificada por motivos de saúde.

Durante as três décadas do pós-Segunda Guerra Mundial, consideradas como décadas de ouro do capitalismo nos países do Norte Global, prevaleceu a retomada do processo de internacionalização das estatísticas. Essa retomada se apoiou na padronização conceitual e na harmonização metodológica das pesquisas nos demais países. Desde o seu início, a Comissão Estatística assumiu a montagem e a coordenação do sistema estatístico mundial, que passou pela uniformização e harmonização do padrão dos dados oficiais dos países participantes das Nações Unidas em várias áreas (FMI, Banco Mundial, OIT, OMS, UNICEF, PNUD, entre outras).

Com reuniões e encontros oficiais periódicos, as delegações de representantes das instituições nacionais de estatística legitimaram a Divisão de Estatística nos esforços da internacionalização de um padrão. A convergência convalidatória de procedimentos e recomendações dos padrões conceituais e metodológicos permitiu alcançar o inédito grau de harmonização e comparabilidade estatística mundial.

Para isso, a Divisão de Estatística da ONU assumiu a responsabilidade de compilar e disseminar informações e estatísticas de dimensões globais. Na estabilização de modelos e normas estatísticas, prevaleceu a consolidação do moderno sistema estatístico nacional da Era Industrial, com a publicação regular de dados consolidados, livros e relatórios metodológicos e referências conceituais homogêneas aos países, mesmo com a realidade distinta do Norte Global.

De todo modo, a melhora das estatísticas nacionais e sua comparabilidade internacional resultaram da coordenação das atividades de produção das informações oficiais pelo Sistema ONU. Um bom exemplo disso ocorreu em relação ao Relatório Stone, que, em 1947, tratou do tema da contabilidade social, que viria a se tornar o padrão estatístico das Contas Nacionais.

Mas isso se tornou possível diante de dois modelos macroeconômicos distintos adotados no mundo. De um lado, a versão capitalista do Sistema de Contas Nacionais (SCN), com base na experiência da Europa Ocidental. De outro, a versão socialista do Sistema de Produtos Materiais (MPS), que, adotado na União Soviética, se tornou referência da estrutura econômica, com os serviços definidos como improdutivos.

Outro exemplo decorreu da definição metodológica a respeito do Índice de Preços ao Consumidor. Após diversas negociações entre representantes dos países membros, surgiu a definição metodológica de padrão estatístico internacional fundamentado na pesquisa de orçamento familiar. Isso a partir de uma cesta básica de consumo de bens e serviços, adicionada pela metodologia da coleta de preços harmonizados (quantidade e qualidade comparáveis) e por locais de compra previamente definidos, conforme a experiência holandesa.

Também em relação à definição conceitual e metodológica do emprego e desemprego, desenvolvida no âmbito da Organização Internacional do Trabalho (OIT), coube um interessante debate entre especialistas. Desde a primeira Conferência Internacional de Estatísticos do Trabalho, realizada em 1920, o conceito de emprego passou a atender a centralidade capitalista da relação salarial básica, própria da perspectiva do funcionamento do mercado de trabalho organizado nos países do Norte Global.

Mas foi na 7ª Conferência Internacional de Estatísticos do Trabalho, realizada em 1947, que se chegou à resolução sobre a estatística do trabalho que definiu o emprego como variável do planejamento econômico – enquanto o desemprego foi identificado por grupo problema de inclusão na dinâmica das sociedades de mercado. Em grande medida, era a definição do padrão conceitual do emprego e desemprego adotado originalmente pelos Estados Unidos.

Além do papel central da Comissão Estatística das Nações Unidas, destaca-se a importante atuação da Organização para a Cooperação e Desenvolvimento Econômico (OCDE) na construção harmonizadora de conceitos e metodologias favoráveis à internacionalização das estatísticas. Criada em 1948, a OCDE esteve voltada inicialmente a gerenciar e monitorar a implantação do Plano Marshall de reconstrução da Europa no pós-Segunda Guerra Mundial (1947-1953).

Naquela oportunidade, a reconstrução do sistema estatístico dos países europeus serviu de instrumento para o controle e avaliação da situação trabalhista, industrial e de produtividade. A referência estatística para isso foram os próprios EUA enquanto patrocinadores do Plano Marshall.

No âmbito dos temas sociais e demográficos, a integração estatística também ocupou papel central atinente à coordenação e harmonização das definições e classificações adotadas por quase todos os países no mundo. Para isso, houve a consolidação do conjunto de princípios éticos e de boas práticas presente de forma central no interior do processo de internacionalização das estatísticas.

Pelo projeto de modernidade ocidental, o livre acesso às informações estatísticas faria parte do Direito à Informação do Cidadão – contemporâneo, portanto, dos regimes políticos democráticos.

Ao mesmo tempo, a confiança nas estatísticas oficiais, por todas as categorias de produtores e usuários de dados, pressuporia a existência e adoção de regras éticas e de boas práticas, destoando das experiências do nazifascismo dos anos 1930.

Nesse sentido, ressalta-se o papel desempenhado pelas comunidades epistêmicas internas e externas aos países, convergindo com a defesa de um ambiente adequado e transparente para a produção e o acesso às informações oficiais. Também teve importância a oferta e a estrutura jurídica e orçamentária satisfatória à produção e disseminação dos dados estatísticos, comprometidos com as necessidades de usuários e o conjunto da sociedade.

Ao longo do segundo pós-guerra e em pleno ambiente de Guerra Fria (1947-1991), a legislação estatística focou a confidencialidade e a proteção de dados individuais, bem como a coordenação de sistemas de dados nacionais por meio dos Institutos Nacionais de Estatística. Mesmo assim, o conteúdo dos programas estatísticos, as pressões nacionais e a dependência orçamentária dos órgãos oficiais de estatística não deixaram de ter sua integridade afetada em maior ou menor grau.

De certa forma, transpareceu o deslocamento das funções dos institutos nacionais de estatística, que passaram gradualmente da tarefa original de organização e fornecimento dos dados oficiais na perspectiva da oferta para estarem cada vez mais focados na demanda da sociedade e dos governos. Por conta disso, o Código de Conduta para Estatísticas, criado em 1979 pela Associação Estatística Americana, passou a ser adotado pelos países.

Isso porque a generalidade do código permitiu que a sua aplicação às estatísticas oficiais atendesse aos interesses de comunidades epistêmicas, especialmente na garantia do direito à privacidade e ao sigilo dos dados oficiais. Na maioria das vezes, as estatísticas oficiais não se voltavam para um segmento específico da sociedade ou setor econômico, uma vez que a dependência de fundos públicos orientava ao atendimento do conjunto da sociedade como um todo.

Com a queda do Muro de Berlim e o fim do período da Guerra Fria, os institutos nacionais de estatística assumiram crescente importância diante dos parâmetros conceituais e metodológicos compatíveis com a demanda de transparência da sociedade sob a hegemonia neoliberal. Em 2014, por exemplo, a Assembleia Geral das Nações Unidas promulgou os "Princípios Fundamentais das Estatísticas Oficiais", que até então eram adotados pela Conferência dos Estatísticos Europeus de 1992, servindo de conteúdo e filosofia orientativa às instituições nacionais de estatística, sobretudo nos países pertencentes ao ex-bloco soviético.

Com o fim da Guerra Fria, o diálogo entre os países ocidentais e orientais convergiu para o avanço do processo de internacionalização das estatísticas – avanço ancorado, em geral, nas referências conceituais e nas metodologias geradas nos países ocidentais do Norte Global. Pela troca de informações e pela difusão da cooperação estatística internacional, o papel ativo e de liderança do neoliberalismo se tornou inegável no mundo.

Combinada com o esgotamento do modelo de socialismo realmente existente, a globalização dos mercados foi acompanhada pelo progresso tecnológico do transporte e comunicação de dados, permitindo que a liberalização do comércio, investimento e mercado financeiro se traduzisse em mudanças substanciais na organização e estratégia do desenvolvimento capitalista. O domínio do receituário neoliberal repercutiu no questionamento recorrente do papel do Estado diante do engrandecimento das corporações transnacionais de tecnologias, centrado no modelo de negócio de dados.

A repercussão na produção e disseminação de dados estatísticos oficiais foi imediata. As agências do Sistema ONU sofreram consequências diretas e indiretas do avanço do capitalismo de vigilância. O engajamento do setor privado e dos organismos não governamentais no sistema estatístico global tem apoio na ação de institutos nacionais de estatística de vários países.

Dessa forma, os programas estatísticos, padrões de coletas e divulgações de dados passaram por mudanças legais, conformando reformulações nos sistemas estatísticos oficiais diante do novo papel de organizações internacionais e supranacionais, sob o receituário neoliberal e o poder das grandes corporações *big tech* privadas transnacionais. Em 1991, por exemplo, a OCDE emitiu um documento estratégico defendendo que os serviços estatísticos fossem separados do serviço analítico dos dados, ainda que isso pudesse ser visto como uma contradição com quase todas as agências especializadas da ONU e órgãos relacionados que possuíssem as suas próprias divisões de estatística oficiais.

De todo modo, as organizações internacionais e supranacionais não deixaram de contribuir, em geral, para o endosso neoliberal dos princípios de estatística no mundo. Com isso, houve a adoção acrítica, muitas vezes, de novos padrões tecnológicos na disseminação de dados oficiais, abrangendo conteúdos assentados na realidade e visão de mundo oriundas dos países do Norte Global – conteúdos disseminados pelo modelo de negócios próprio da estrutura de mercado monopolista das grandes corporações *big tech* transnacionais.

Os sinais do deslocamento do centro dinâmico do mundo do Ocidente para o Oriente no primeiro quarto do século XXI apontam para a consolidação da transformação digital. A nova realidade que provém da hiperindustrialização dos serviços implica um enorme desafio à produção coerente e consistente das estatísticas oficiais.

Diante disso, urge-se repensar o atual padrão de internacionalização das estatísticas oficiais. Isso porque tal padrão se encontra moldado em referência à realidade das sociedades urbanas e industriais pertencentes aos países ocidentais do Norte Global. Nada fica mais evidente do que isso quando a Era Digital se torna dominante, contando inclusive com a emergência dos países do Sul Global.

Nas páginas a seguir, recupera-se sinteticamente a experiência do IBGE na produção e disseminação dos dados oficiais ao longo do desenvolvimento e crise da sociedade urbana e industrial no Brasil. Considera-se para isso a originalidade e o protagonismo alcançados pela exitosa construção do sistema oficial de dados no país, submetido às pressões decorrentes dos movimentos de internacionalização das estatísticas – movimentos provenientes dos países do Norte Global.

2.1 Antecedentes do IBGE: as disputas em torno da Revolução de 1930 (1929-1935)

O desejo de construção do sistema estatístico nacional encontra-se presente desde a Independência nacional, embora a sua materialidade tenha sido lenta e gradual no tempo histórico da nação. Para um país de dimensão continental, as experiências dos registros administrativos se mantiveram por largo prazo exercidas pela decisiva atuação da Diretoria-Geral de Estatística, que contemplou, no final do século XIX, uma importante primazia na atuação das comunidades epistêmicas internas e externas.

Com o nascimento do IBGE, o período pré-estatístico na temática socioeconômica no Brasil foi ficando para trás. Mas isso esteve direta e indiretamente associado ao transcurso transformador da nova infraestrutura econômica, a impactar tanto a estrutura social como a superestrutura a partir da década de 1930.

O esgotamento do antigo modelo econômico primário-exportador, herdado da República Velha e assentado no complexo cafeeiro, terminou por ser sucedido pela profunda mudança da infraestrutura econômica protagonizada pela marcha da industrialização. Com a transição do agrarismo para a sociedade urbana e industrial, a dimensão superestrutural sofreu alteração na cultura, no judiciário e no legislativo de forma inequívoca.

As relações entre a base produtiva e a superestrutura foram acompanhadas pela reforma do Estado, tendo o IBGE e o Departamento Administrativo do Serviço Público (DASP) exercido função estratégica na transição do Brasil agrário ao moderno sistema industrial. As múltiplas transformações ganharam sentido na sociedade com inéditas inovações políticas, culturais e institucionais.

De certo modo, o movimento na infraestrutura econômica terminou por condicionar e impor exigências assumidas pelo Estado em uma nova forma e ação. Por estarem convergentes com a nova superestrutura que se consolidou, as novas vertentes ideológicas do nacional-desenvolvimentismo estiveram presentes no interior das comunidades epistêmicas, a operarem nas esferas públicas da política, literatura, artes plásticas, teatro, cinema e outras.

Tudo isso, obviamente produtor de conflitos e contradições no âmbito das novas classes e frações de classes sociais, foi sendo revelado desde o início do século XX. As lutas sociais dos trabalhadores, segmentos emergentes da burguesia, comunistas, integralistas, tenentistas, entre outras iniciativas, convergiram com o movimento de contracultura presente na Semana de Arte Moderna, nas Revoluções de 1922 e 1924 e também na Coluna Prestes.

Em grande medida, a vitoriosa Revolução de 1930 canalizou anseios convergentes com a construção do Estado moderno, capaz de amplificar substancialmente a sua capacidade de intervenção tanto na economia como no curso da nova sociedade brasileira. Naquela época, a regressão interna imposta pela Grande Depressão de 1929 foi acompanhada por inéditas ações reorganizativas do Estado.

O objetivo central do enfrentamento ao atraso brasileiro passou pela alteração do rumo da economia nacional, tradicionalmente posicionada na Divisão Internacional do Trabalho como ofertante de produtos primários exportáveis e demandante de bens industriais importados. O reposicionamento do Brasil no mundo exigiu transformações internas urgentes e dependentes do planejamento racional do Estado nacional.

Naquele contexto, o sistema estatístico nacional emergiu com força no interior do governo de Getúlio Vargas. Isso porque, na segunda metade da década de 1930, a reorganização do Estado ganhou força com as exigências da implantação de um novo padrão de intervenção política orientativa da economia para o desenvolvimento urbano e industrial da nação.

A criação do Instituto Nacional de Estatística, em 1934, e a sua transformação em Instituto Brasileiro de Geografia e Estatística, em 1938, concederam originalidade destoante do processo de internacionalização das estatísticas centradas nos países do Norte Global. Tanto assim que o Brasil e, posteriormente, somente o México destacaram-se na inédita combinação da estatística com a geociência.

Mesmo que o Brasil estivesse filiado à Organização Internacional do Trabalho desde 1919 e tivesse participado do nascimento da Liga das Nações, o surgimento do IBGE respondeu por interesses e demandas nacionais, impostos pelo curso transformador do longo passado agrário para a nova Era Industrial. Em pleno cenário de virada temporal dos anos 1920 para 1930, o Brasil foi marcado por intensos conflitos internos, movidos pela polarização crescente da classe trabalhadora e das lutas desconcertantes entre os vários segmentos sociais constitutivos do novo Brasil.

Pelo governo revolucionário produzido no interior do movimento tenentista, em torno de Getúlio Vargas, a ordem liberal dominante herdada da República Velha foi sendo abandonada. A redefinição das novas bases infraestruturais do desenvolvimento nacional exigiu a conformação de outra superestrutura basilar do Estado moderno.

Para isso, superar a lentidão da marcha da urbanização nacional era essencial. Em 1920, por exemplo, o país contava somente com uma parcela de 31,3% de sua população urbana, e 71,2% eram considerados analfabetos, entre outros indicadores do atraso subdesenvolvimentista nacional. Era um cenário de frustração nacional, acompanhado do sentimento de impotência frente ao longevo domínio político oligárquico e econômico agrário-rentista.

Em compensação, parte do país reagiu por meio da contracultura, trazida pelo horizonte de expectativas das mudanças patrocinadas pela infraestrutura econômica e suas consequências, tanto na estruturação da sociedade urbana e industrial quanto na superestrutura constituída pelo Estado moderno. Tudo isso colocou em questão o conjunto descentralizado do sistema de dados oficiais herdados da República Velha, o que foi evidenciado pela interrupção da Diretoria-Geral de Estatística, levando, inclusive, à não realização do censo demográfico em 1930.

Inicialmente, o governo Getúlio Vargas associou a criação de uma nova instituição oficial de dados, em substituição à DGE, vinculada ao Ministério do Trabalho, Indústria e Comércio – o denominado Ministério da Revolução. Pelo relatório produzido por Teixeira de

Freitas em 1933, a criação do Departamento Nacional de Estatística no Ministério do Trabalho continha um problema equivalente ao diagnosticado na Diretoria-Geral de Estatística da República Velha. Ou seja, tratou-se da existência de uma instância de estatística nacional subordinada a um determinado ministério que operava em linha com outros ministérios da República, o que comprometia a força organizativa e de coordenação do conjunto dos dados oficiais do país.

A centralização dos dados oficiais da nação deveria contemplar o sistema nacional de estatística a partir de uma nova instituição, situada acima dos ministérios, portanto, vinculada à presidência da República. Embora criado em 1934, o Instituto Nacional de Estatística somente começou a operar em 1936, enquanto coordenador dos dados oficiais, centrado na presidência da República. Após quase dois anos sem diretorias e sem presidência, o INE passou a funcionar constituindo o novo sistema nacional de estatística no curso das transformações impostas pela Revolução de 1930.

2.2 O IBGE na transição agrarista para a sociedade urbana e industrial (1936-1963)

A criação do Instituto Nacional de Estatística (INE) em 1934 somente foi consolidada com a posse, em 1936, de seu primeiro presidente, o embaixador José Carlos de Macedo Soares (1883-1968). Dois anos depois, o INE se transformou no IBGE, com a inédita junção das áreas de conhecimento da estatística e da geografia em 1938, o que rompeu, assim, com insuficiências e enormes dificuldades na produção estatística acumulada durante a vigência da ordem liberal, dominante desde a passagem do agrarismo escravista e monárquico para o capitalista na República Velha.

Pelo projeto nacional desenvolvimentista, a passagem para uma nova sociedade urbana e industrial pressupunha a construção do Estado moderno. Para isso, a inovação institucional se tornou fundamental, com a criação de capacidade técnica que permitisse ao país encontrar respostas adequadas à resolução dos problemas próprios do subdesenvolvimento nacional e da dependência externa, consolidada pelo longo passado dos "ciclo econômicos" voltados para o exterior.

O papel representado pela comunidade epistêmica também se mostrou fundamental para tornar o IBGE uma instituição ativa e altiva, com a reunião e formação inédita de quadros técnicos escassos para aquela época no país. É importante frisar que a estrutura do IBGE se consolidou apenas com a implantação do Estado Novo (1937-1945), quando o Estado moderno de fato passou a se constituir amparado no sistema técnico burocrático nacional desenvolvimentista.

Na montagem e desenvolvimento do IBGE, houve participação decisiva de profissionais qualificados. Muitos foram os pioneiros na coordenação de novas áreas na estatística e geografia do país, pois estas eram constitutivas do planejamento subsidiário de políticas públicas inovadoras, voltadas à ocupação territorial e ao desenvolvimento econômico nacional.

De um lado, o destaque para Mário Augusto Teixeira de Freitas, que emprestou ao IBGE a sua consistente experiência de gestor na produção de dados oficiais – experiência adquirida no exercício em diversos órgãos governamentais associados à tomada de decisão com base nas estatísticas. É dele o entusiasmo sobre as estatísticas constituírem a base para a fundamentação da atuação do Estado, permitindo a constatação científica acerca da identificação e descrição dos problemas e necessidades da nação. Suas palavras no Conselho

Nacional de Estatística em 1936 ecoam até hoje como defesa do sistema nacional de dados oficiais, ao dizer: "Faça do Brasil a estatística que ele deve ter, e a estatística fará do Brasil o que deveria ser".

Junto com Teixeira de Freitas, havia o profissionalismo de Giorgio Mortara (1885-1967), que, a partir de sua chegada da Itália ao Brasil em 1939, contribuiu decisivamente na estruturação dos processos estatísticos brasileiros enquanto supervisor de censos e formador de novos quadros técnicos no IBGE. Também se destaca o trabalho de Allyrio Hugueney de Mattos (1889-1975), que, na condição de consultor técnico do IBGE nas áreas da cartografia e geodésia, contribuiu tanto na confecção de mapas municipais para a compilação da Carta do Brasil quanto nas Coordenadas Geográficas Nacionais. Além de Teixeira de Freitas, Giorgio Mortara e Allyrio Hugueney de Mattos, outros importantíssimos técnicos da instituição materializaram, com seus trabalhos, estudos, pesquisas e coordenação, as esferas da estatística e da geografia diante de um país de dimensão continental e em transição do agrarismo para a sociedade urbana e industrial.

Com a instalação da rede nacional de serviços estatísticos, operada inicialmente por meio das delegacias municipais do IBGE, a fragmentação e a descentralização da coleta dos dados oficiais, herdadas da antiga DGE, ficou para atrás. Em plena Segunda Guerra Mundial, o Brasil retomou e inovou o conjunto de censos, sobretudo o demográfico e o agropecuário em 1940, contando, inclusive, com expedições geográficas de *ibegeanos* em diferentes regiões do país.

Assim, o IBGE operou entre as décadas de 1930 e 1960 na coordenação, harmonização e uniformização conceitual dos dados oficiais. Ainda nos anos 1930, a criação e a implementação do IBGE apontaram os principais desafios inerentes à adoção da estratégia nacional de construção do Estado moderno, bem como apontaram a implementação de um novo desenvolvimento capitalista urbano e industrial.

Na década de 1940, por sua vez, a retomada dos censos nacionais fortaleceu o papel estratégico do IBGE na produção de estatísticas em apoio ao planejamento e às políticas públicas próprias do desenvolvimento nacional. Mesmo assim, o IBGE pouco conseguiu avançar nas estatísticas econômicas de base amostral.

Ao se manter focado internamente na realização de pesquisas censitárias tradicionais e de elevado orçamento, o IBGE perdeu a oportunidade de atender algumas das demandas derivadas da nova sociedade urbana e industrial em construção. Desde o pós-Segunda Guerra Mundial, estava em curso a difusão de novas técnicas estatísticas, mais ágeis e menos dispendiosas, com base nas pesquisas amostrais inicialmente desenvolvidas nos países do Norte Global.

Ao mesmo tempo, as estatísticas geradas pelas taxas de emprego, produto interno bruto, inflação e outros dados oficiais se constituem com força vital para a sustentação da democracia, influenciando a formulação de políticas, narrativas da mídia e escolhas eleitorais. Isso porque a relação da economia com a estatística se tornou cada vez mais óbvia nos países do Norte Global, cabendo aos dados oficiais não apenas apresentar a realidade, mas também fazê-lo com explicações técnico-científicas consistentes e superadoras da visão obscurantista que prevaleceu até as primeiras décadas do século XX (Schumpeter, 1964; Keynes, 1940; Tily, 2009).

Acontece que, com o fim da Segunda Guerra Mundial, a realização do Acordo de Bretton Woods, em 1944, a criação da Comissão de Estatística das Nações Unidas e a implantação do Plano Marshall na reconstrução da Europa deram vazão às ideias popper-keynesianas. Foi uma novidade na compreensão a respeito do funcionamento macroeconômico do capitalismo, assim como do papel que o Estado demandou na formulação de novas estatísticas sobre produção, emprego, renda, comércio externo e outros tópicos.

De certa forma, o Ocidente chegava com atraso na adoção das estatísticas econômicas, uma vez que a União Soviética operava desde 1928 com planos quinquenais, conduzidos pelo Comitê de Planejamento Estatal (Gosplan) para a orientação do processo de transformação do país em uma moderna potência industrial. Destaca-se, como exemplo, a presença de importantes estatísticos e matemáticos, como Andrey Nikolaevich Kolmogorov (1903-1987) e Eugen Slutsky (1880-1948), na montagem do original sistema estatístico soviético.

No contexto da Guerra Fria, o Brasil conviveu com novas demandas da sociedade. Sobre isso, aliás, está a importância do debate no interior das comunidades epistêmicas, destacando-se, por exemplo, a escassez de informações confiáveis e a necessidade de bases metodológicas e conceituais mais adequadas ao novo momento do país.

Com o avanço do processo de urbanização e industrialização nacional, uma nova sociedade de massas foi sendo forjada nas grandes cidades, acompanhada por crescentes reivindicações e conflitos a respeito de salário, custo de vida, lucratividade, investimento e outros temas. Deve-se considerar a mudança na geografia política e econômica com o fim da Segunda Guerra Mundial e com a luta anticolonial, que praticamente multiplicou por quatro a quantidade de estados-nação existentes na época.

As estatísticas que passaram a dominar o debate político eram, em grande parte, de caráter nacional (níveis de pobreza, desemprego, PIB, inflação e outros). Prevalecia o ideal iluminista da nação como uma comunidade única, unida por uma estrutura de medição comum – ideal cada vez mais difícil de sustentar.

Naquela época, a endogenia praticada no IBGE pela produção tradicional – ainda associada ao mundo anterior à Segunda Guerra Mundial – não impediu que algumas instituições privadas, assim como alguns órgãos da sociedade civil organizada, ocupassem rapidamente o espaço público dos dados nacionais com a inovação da produção de estatísticas econômicas.

Destacaram-se, por exemplo, a Fundação Getúlio Vargas (FGV), criada em 1944, e o Departamento Intersindical de Estatística e Estudos Socioeconômicos (DIEESE), fundado em 1955. De um lado, a Fundação Getúlio Vargas, estabelecida como fundação privada por decreto presidencial para a formação de força de trabalho ao setor público, buscou contribuir com subsídios para as políticas públicas. Em pleno pós-Segunda Guerra Mundial, a crescente centralidade da produção de estatísticas econômicas favoreceu à FGV protagonizar, a partir do Rio de Janeiro (capital do Brasil até 1960), uma série de importantes conexões internacionais, capazes de inovar e aplicar novos conceitos, metodologias e estatísticas econômicas.

Deve-se considerar que uma parte substantiva de suas atribuições era financiada por recursos públicos, o que permitia a agilidade de uma instituição privada no processamento de modernização. Isso foi muito importante no contexto do pós-Segunda Guerra Mundial, com a crescente demanda pela produção de estatísticas econômicas, o que favoreceu à FGV o seu protagonismo a partir do Rio de Janeiro, a então capital do Brasil, com uma série de importantes conexões internacionais, capazes de inovar e aplicar novos conceitos, metodologias e estatísticas econômicas.

Em 1946, por exemplo, a FGV implementou uma unidade econômica que, em 1951, se converteu no Instituto Brasileiro de Economia (IBRE), a base da produção de dados e de sua disseminação por meio de uma revista especializada, a qual alimentou o nascente jornalismo econômico. Além disso, a FGV se beneficiou de importantes conexões internacionais, permitindo internalizar a produção de indicadores econômicos com metodologias trazidas sobretudo dos Estados Unidos e da Inglaterra. Em 1947, por exemplo, o comportamento do produto interno bruto se tornou sistematicamente público, integrando a metodologia das contas nacionais próprias dos países do Norte Global, enquanto ao IBGE caberia atender como fornecedor de dados estatísticos primários.

No caso do DIEESE, essa instituição criada e mantida pelo movimento sindical brasileiro desenvolveu-se voltada para o assessoramento em base estatística socioeconômica nas lutas gerais dos trabalhadores. Na década de 1950, o avanço da concentração operária nas grandes cidades, como São Paulo, foi acompanhado pela descrença sindical em relação aos números oficiais da inflação, o que levou o DIEESE a construir o seu próprio índice de custo de vida.

Contou, para isso, com o intercâmbio de especialistas provenientes das universidades estadunidenses de Chicago e Columbia, e, no Brasil, da Universidade de São Paulo e da *Escola Livre de Sociologia e Política de São Paulo* (ELSPSP). Importante notar que a cidade de São Paulo, a principal em termos de industrialização nacional, contava com pesquisas sobre as condições e custo de vida de trabalhadores desde a década de 1930, embora de natureza não contínua (Diéguez; Vecchio, 2008).

Destaca-se que, desde a década de 1920, o desenvolvimento de uma nova metodologia para identificar amostra representativa de entrevistados – de um conjunto muito superior – serviu para a produção de dados oficiais, como por pesquisadores de mercado, sobretudo em torno das pesquisas de opinião. Do mesmo modo, serviu a formulação da elevação dos níveis de preços e das contas nacionais, concentradas na noção de progresso nacional, por sua vez evidenciada pelo produto interno bruto.

Apesar dos avanços externos ao IBGE que ocorreram na década de 1950, o país ainda não detinha uma quantidade adequada de indicadores econômicos, cujas lacunas eram evidentes em termos de medidas sobre o emprego e desemprego, rendimentos, entre outras variáveis. Nessa fase das estatísticas econômicas alimentadoras do debate sobre o desenvolvimento nacional, a participação das comunidades sistêmicas se fez presente no questionamento sobre a relativa ausência do IBGE na produção e frequência das estatísticas oficiais sobre as atividades econômicas.

Desde os anos 1940, debates sobre os rumos da economia brasileira começaram a ganhar dimensão. Destaca-se a controvérsia sobre o planejamento nacional, que, ocorrida entre Eugênio Gudin, professor da FGV, e Roberto Simonsen, empresário e professor da Escola Livre de Sociologia e Política de São Paulo, apontou a escassa presença das estatísticas econômicas nacionais.

Os sinais de certo insulamento *ibegeano* decorreram, em grande medida, da trajetória de instabilidade institucional verificada entre 1952 e 1964, quando 7 presidentes estiveram à frente da maior instituição de pesquisa do país (1,7 ano, em média, de mandato). No período anterior, referente aos anos de 1936 a 1951, o IBGE apresentou uma longeva estabilidade institucional sob a liderança de apenas um presidente, o embaixador Macedo Soares.

Mesmo assim, o IBGE manteve a realização dos censos decenais de 1950 e 1960, além dos anuários estatísticos, que retrataram as transformações de uma sociedade em transição do campo para as cidades. Além disso, a criação da Escola Nacional de Ciências Estatísticas (ENCE), em 1953, desempenhou importante inovação institucional na formação de novos quadros ao IBGE e ao país. A realização do censo demográfico de 1960 também trouxe novidades, como a apresentação da renda dos brasileiros, além de ter sido contemplado pela primeira aquisição de um grande computador para facilitar os trabalhos de processamento das estatísticas.

2.3 O IBGE na consolidação da sociedade urbana e industrial (1964-1989)

O projeto de sociedade urbana e industrial chegou ao seu auge na virada dos anos 1970 aos 1980, ainda que não tenha sido plenamente completado. Tratou-se, na realidade, da experiência exitosa que, no âmbito do Sul Global, conseguiu levar mais à frente o projeto de modernidade ocidental, mesmo tendo origem colonial e escravista.

Justamente por isso, o sistema estatístico e geocientífico nacional demonstrou ser fundamental para se conhecer a realidade da nova maioria populacional urbana, identificada no censo demográfico de 1970. Para tanto, o IBGE sofreu uma importante e inegável reformulação a partir do golpe de 1964, quando ingressou num longo período de estabilidade institucional, modernização das pesquisas e inovações conceituais e metodológicas – período contemplado pela presença de apenas 4 presidentes entre 1964 e 1985.

A combinação entre comunidades sistêmicas internas e externas com o processo de internalização das estatísticas concebidas no Norte Global permitiu reposicionar o IBGE – ainda que tardiamente – nas modernas estatísticas econômicas. Mas isso não ocorreu sem consequências à instituição, uma vez que, após 1964, o IBGE foi deslocado da presidência da República para um ministério setorial, o do Planejamento, o que levou à perda da capacidade de continuar coordenando o sistema estatístico nacional.

O ponto de partida disso decorreu da concepção de Estado adotada pelo regime civil-militar em 1964, com o Programa de Ação Econômica do Governo (PAEG), o qual demandou a existência de uma instituição de monitoramento econômico nacional. Guardada a devida proporção, houve certa inspiração no Plano Marshall, que, para ser implementado em 1947 em países europeus, exigiu a criação de um organismo técnico de monitoramento, definido como OCDE.

Concomitante com as reformas introduzidas na década de 1960, o monitoramento da economia brasileira passou a ser realizado pelo Instituto de Pesquisa Econômica Aplicada (IPEA), criado em 1964 e reformulado em 1967. Dessa forma, o IBGE foi secundarizado pelo regime autoritário, ao contrário do que se verificou durante a experiência dos governos democráticos entre 1945 e 1964, quando o IBGE esteve relacionado ao planejamento nacional, à Comissão de Desenvolvimento Industrial e à Assessoria Econômica da presidência da República.

Pela subordinação ao Ministério do Planejamento e Coordenação Geral durante o regime militar, o IPEA e o IBGE estiveram engajados nas tarefas de planificação e desenvolvimento nacional, porém com atribuições bem distintas. Ao IPEA coube o exercício das funções de análises e monitoramento da evolução da realidade nacional, com a formulação e o apoio direto nas políticas públicas dos governo autoritários. Para o IBGE foram reservadas as atribuições de aprofundamento da tarefa de fornecedor de uma parcela importante dos dados primários, contando com a significativa ampliação de sua capacidade de realizar inovadoras pesquisas amostrais, conceitos e metodologias centradas nas estatísticas econômicas do país. Essa alteração na estrutura de funcionamento da maior instituição nacional de pesquisa respondeu à mudança no rumo político do país, uma vez que o regime autoritário se pautou pela desmontagem do projeto trabalhista de desenvolvimento, no qual o IBGE era um dos órgãos principais.

Em função disso, o IBGE, que se deslocou da subordinação direta à presidência da República, perdeu, por um lado, a capacidade de coordenação do sistema estatístico nacional, com a proliferação de novos e diversos bancos de dados oficiais e registros administrativos setoriais, pertencentes aos ministérios e empresas públicas de processamento de dados. O resultado disso foi a descentralização e fragmentação dos bancos de dados e registros administrativos sem a coordenação do sistema estatístico nacional, bem como a proliferação da competição entre os órgãos e políticas públicas.

Por outro lado, emergiu outro IBGE, centrado na produção das estatísticas detalhadas e de maior qualidade técnica, abandonando a antiga atenção no desenvolvimento de trabalhos analíticos. Nesse sentido, a emergência da formação tecnocrata, com um elevado nível de especialização focada na qualidade técnica e identificada com a internacionalização das estatísticas, ocorreu simultaneamente à contida capacidade de análise, distanciando-se do passado participativo da formulação e monitoramento das políticas públicas do país.

Com a rápida integração do IBGE ao processo de internacionalização das estatísticas concebidas nos países do Norte Global, a transformação do sistema estatístico nacional, originado nos anos 1930, aconteceu rápida e profundamente. Em 1965, por exemplo, o Projeto Atlântida, conduzido pela Agência Norte-Americana para o Desenvolvimento Internacional (USAID) e firmado com o Instituto Interamericano de Estatística (IASI) e o U.S. Census Bureau, permitiu ao IBGE incorporar a produção de novas estatísticas, operando em linha com o ambiente próprio da Guerra Fria.

Também para os demais países da América Latina e para o Caribe ocorreu um movimento similar ao do Brasil, contando com o processo de modernização e harmonização dos sistemas estatísticos em cada país. O Projeto Atlântida no Brasil foi responsável pelo avanço na internalização das novas metodologias consagradoras das pesquisas amostrais – metodologias que resultaram na implantação, por exemplo, da Pesquisa Nacional por Amostra de Domicílios (PNAD), em 1967, e do Estudo Nacional de Despesa Familiar (ENDEF), em 1974.

A partir daí, o IBGE ampliou a sua agenda de pesquisas, deslocando instituições privadas e organismos não governamentais da sociedade civil do tratamento exclusivo de temas econômicos, como inflação, emprego e desemprego, bem como das contas nacionais, que até então se encontravam sob o protagonismo da FGV e do DIEESE. Com a incorporação de técnicos e a realização de acordos de cooperação técnica com instituições de estatística de países como França, Canadá e outros, o IBGE assumiu a responsabilidades pela maior parte das estatísticas econômicas oficiais da nação.

A inclusão na agenda de pesquisas sobre preços também teve forte impacto decorrente do inovador Estudo Nacional de Despesas Familiares (ENDEF), pois permitiu atender a demanda governamental de criação de um novo índice oficial de inflação, por meio do Sistema Nacional de Índices de Preços ao Consumidor, em 1978. O escândalo da manipulação da inflação calculada pela FGV, em 1973, havia gerado o maior descrédito dos sindicatos e sociedades nos dados oficiais do Brasil.

Além disso, as duas crises internacionais do petróleo (1973 e 1979), que impactaram fortemente o custo de vida no país, foram caudatárias de uma parcela importante das discussões implícitas ao processo hiperinflacionário, o qual se desencadeou até pelo menos 1994, com o sucesso do Plano Real. A atenção especial conduzida à produção de estatísticas, especialmente daquelas de natureza econômica, induziu o IBGE ao atendimento dos interesses econômicos dominantes no auge da sociedade urbana e industrial.

Quando surgiu a primeira recessão econômica desde a Grande Depressão de 1929, o IBGE já dispunha de pesquisas amostrais sobre emprego, desemprego e rendimento dos ocupados. Naquela época, contudo, o descontentamento com as medições de emprego e desemprego pelo IBGE concedeu certo protagonismo ao DIEESE, que, em associação com a Fundação Seade-SP, conseguiu desenvolver uma inédita metodologia de pesquisa, mais próxima e precisa da realidade do mundo do trabalho em sociedade urbana e industrial do Sul-Global.

Alguns anos depois, o IBGE terminou reconhecendo que a simples internacionalização da estatística, referente à realidade de países do Norte-Global, não seria, necessariamente, a mais adequada. Por isso, reviu, por exemplo, a metodologia adotada para a medição de emprego e desemprego no Brasil, adotando em parte as inovações sugeridas pelo DIEESE em torno da Pesquisa de Emprego e Desemprego (PED).

De toda forma, o papel fundamental da estatística, levada à frente pelo IBGE durante os governos do regime autoritário, se tornou uma ferramenta estatal primorosa na utilização do planejamento do progresso nacional. Ao mesmo tempo, houve a importância das comunidades epistêmicas que operaram, em geral, na convergência das boas práticas estatísticas com a objetividade, transparência com servidores concursados e estabilidade ocupacional.

No período de 1964 a 1985, por exemplo, o IBGE teve 4 presidentes, com uma média de 5,2 anos de mandato. O refazimento da instituição, ocorrido naquela época, permitiu a sua inovação e estabilidade durante a vigência do autoritarismo, ao mesmo tempo que foi acompanhado por uma profunda mudança no perfil dos servidores.

Com o avanço dominante da natureza ocupacional tecnocrática, o IBGE concentrou-se na elevada qualidade da especialização técnica, concomitante com o esvaziamento da capacidade de análise ampliada do Brasil, quanto à razão dos seus problemas e aos desafios das soluções. Isso pareceu inegável quando comparado com as diversas oportunidades até o golpe de 1964.

Destacam-se, como exemplos, a atuação durante a Coordenação da Mobilização Econômica (1942-1945) e a adoção do Plano Nacional de Reaparelhamento Econômico (1951-1954) no governo de Getúlio Vargas. O Plano SALTE (1946-1951) do governo de Eurico Dutra, o Plano de Metas (1956-1960) do governo de Juscelino Kubitschek e o Plano Trienal e as Reformas de Base do governo de João Goulart (1961-1964) também tiveram a importante presença do IBGE.

Naquele período, a contribuição analítica do IBGE contribuiu para o entendimento das transformações com as quais o Brasil conviveu na transição do agrarismo para a sociedade urbana e industrial. A partir de 1964, essas atribuições funcionais foram sendo esvaziadas.

Merece destaque, por exemplo, a participação de inúmeros servidores do IBGE com um papel importantíssimo na interpretação das transformações do Brasil. É o caso de mencionar servidores paradigmáticos na instituição, como, entre outros, Alberto Passos Guimarães (1908-1993), que produziu o seminal estudo "As favelas do Distrito Federal e o Censo Demográfico de 1950", Roberto Lobato Correa

(1939), com a obra *Região e organização espacial*, e Pedro Pinchas Geiger (1923), com o livro *Evolução da rede urbana brasileira*.

Além disso, o IBGE também registrou sinais de perda da capacidade de exercer a outrora centralidade na coordenação dos dados oficiais do país, uma vez que deixou de estar subordinado à presidência da República. O seu deslocamento para uma posição setorial, em linha ministerial conforme a experiência herdada da República Velha, acabou sendo acompanhado tanto pelo alastramento da fragmentação de empresas processadoras de dados (Serpro, em 1964; Dataprev, em 1974) quanto pela diversidade dos bancos de informações e dos registros administrativos, próprios das políticas setoriais desde os anos 1960.

Por outro lado, convém ressaltar que o salto modernizante do IBGE durante o regime autoritário garantiu certa originalidade nacional em relação aos momentos determinantes da produção dos indicadores econômicos verificados nos países do Norte Global. Naqueles países, em geral, a consagração de novos padrões estatísticos com conceitos, metodologias e pesquisas inovadoras respondeu a eventos de outra natureza.

Ressaltam-se, por exemplo, as mudanças substanciais nos sistemas estatísticos, enquanto respostas a ações governamentais voltadas tanto à reconstrução da Europa Ocidental, no primeiro e segundo pós-guerra mundial, quanto à superação das crises econômicas provocadas pela Grande Depressão de 1929. Também cabe observar até mesmo como as transições nos modos de produção são acompanhadas de alterações profundas no sistema estatístico nacional, conforme ocorreu na Revolução Russa, em 1917, e no fim da União Soviética, em 1991.

2.4 O IBGE na ruína da sociedade urbana e industrial (após 1990)

Ao se aproximar do final do século XX, o Brasil sofreu um baque de grande dimensão, que o desviou de sua trajetória pregressa voltada para a consolidação da sociedade urbana e industrial. O "ciclo econômico industrial", instalado desde a década de 1930, foi ferido de morte pelo receituário neoliberal que, desde 1990, tem gerado o desmonte do projeto nacional desenvolvimentista.

Em seu lugar, ficou a predominância do presentismo de um país centrado nas ações das emergências nacionais avassaladoras, em geral, devido à ruína da sociedade urbana e industrial (Pochmann, 2022; 2024). Disso resultou a substituição do horizonte da modernidade, amparada na ruptura com o imediato aprisionamento na retaguarda de um momentismo sitiado no acerto de contas com o passado.

Sem imaginação e disputas de futuro, o que tem restado é a acomodação nas reparações do mal herdado historicamente. Note-se que o ciclo político da Nova República, nascido em 1985 com a transição pelo alto da ditadura civil-militar, é o mais longevo período democrático já alcançado pelo país. Apesar disso, tem sido condicionado pelas políticas de gestão social da ruína em curso da sociedade urbana e industrial (Arantes, 2023; Silva, 2008; Menegat, 2012; Pochmann, 2016).

Em geral, há uma prevalência da lógica do curtoprazismo, imposta pela semiestagnação da renda *per capita* e pela submissão do Estado ao rentismo financeiro e ao extrativismo da natureza, com a persistência de baixos salários a constituir os elementos fundantes da competitividade do país em relação à globalização neoliberal. Os sinais de regressão social e econômica, provenientes da primazia do receituário neoliberal, não deixam de se manifestar pela desfiguração das classes e frações de classes sociais estruturais do capitalismo industrial que predominaram até os anos 1980.

Simultaneamente ao declínio da outrora pujante estrutura social, fundada tanto na classe operária de manufatura, com posição intermediária na força assalariada, quanto na classe burguesa industrial, assiste-se a um deslocamento da infraestrutura econômica complexa, articulada setorialmente e integrada regionalmente para a especialização produtiva vinculada à dinâmica do comércio externo. O curso do reposicionamento do Brasil na Divisão Internacional do Trabalho tem repercutido profundamente no conjunto da infraestrutura econômica e da estrutura da sociedade, com sinais de desclassamento, o que implica crescentes demandas por novas pesquisas e estudos ainda mais abrangentes.

De certa forma, isso já havia ocorrido em outras oportunidades históricas nacionais, quando concentradas em períodos de mudanças profundas no Brasil. Destaca-se, por exemplo, a materialização das demandas da sociedade para conhecer melhor a si mesma frente à nova realidade que era imposta pela sociedade agrária e escravista no final do século XIX.

Para isso, a criação da Diretoria-Geral de Estatística (DGE), em 1871, consistiu na essência da inovação institucional. Criada no período monárquico, que marcou a instalação do inédito método estatístico, a DGE revelou a marcha das transformações substanciais que estavam em marcha na antiga sociedade agrarista. Os estudos que retrataram aquela época se tornaram clássicos na interpretação do Brasil, conforme autores como Gilberto Freyre (2000), Oliveira Vianna (2005) e outros.

Da mesma maneira, a implementação do IBGE em sucessão à DGE nos anos 1930 também representou o exitoso salto institucional, capaz de gerar estudos e pesquisas que revelaram a realidade no curso acentuado da transição do agrarismo para a moderna sociedade urbana e industrial. Para aquele período de tempo, ressalta-se, por exemplo, as importantíssimas análises de Juarez Brandão Lopes (2008), Ruben Oliven (2010), João Manuel Cardoso de Mello e Fernando Novais (Mello e Novais, 2009), entre outros.

Isso porque, durante o processo de industrialização nacional, as cidades passaram a subordinar o meio agrário cada vez mais dependendo do movimento de mecanização, inovações tecnológicas, qualificação da força de trabalho, entre outras transformações. Com a modernização nacional, ainda que marcada pelo conservadorismo de regimes políticos antidemocráticos, a sociedade mudou consideravelmente, conforme as inovações conceituais, metodológicas e processuais permitiram ser reveladas pelas pesquisas amostrais que o IBGE tão bem soube implementar a partir dos anos 1960.

Expectativas equivalentes estiveram fundadas nas demandas das sociedades abertas com o movimento de redemocratização nacional, ocorrido no último quarto do século XX. Mas, para isso, o melhoramento almejado das estatísticas públicas e geocientíficas implicaria fortalecer o papel do Estado, conforme apontado pela Constituição de 1988.

A ascensão do neoliberalismo desde 1990 submeteu o Estado à rota da austeridade fiscal e da privatização, fundantes da especialização produtiva e da regressão da estrutura social do país. As consequências negativas para a sociedade não tardaram a acontecer e a aparecer nas pesquisas públicas do país conduzidas pelo IBGE.

Até os anos 1980, o centro das estatísticas públicas nacionais se encontrava assentado nos censos demográficos e econômicos realizados concomitantemente com as pesquisas conjunturais sobre as contas nacionais, inflação, emprego e desemprego produzidas pelo IBGE. A partir da década de 1990, contudo, o IBGE foi exposto à contração orçamentária e aos limites da renovação de sua força de trabalho, cujo resultado foi a realização, com grandes dificuldades de recursos públicos desde então, de apenas dois censos (o demográfico e agropecuário, e o florestal e aquícola).

Após a estabilidade institucional com inovação estatística, verificada entre 1964 e 1985, com apenas 4 presidentes com média de 5,2 anos de mandato cada, o IBGE ingressou em uma nova fase de instabilidade e incertezas. Entre 1985 e 1994, por exemplo, foram 6 presidentes que, em dez anos de dificuldades e indefinições, associadas à transição do autoritarismo para a via democrática, registraram apenas 1,7 ano em média de mandato.

Ainda que entre 1995 e 2016 tenha ocorrido certa estabilidade institucional, com apenas 4 presidentes em 21 anos de regime democrático (média de 5,2 anos em cada mandato), a agenda de pesquisas pouco conseguiu se diversificar. Isso especialmente diante das novas demandas que foram emergindo do curso das transformações na estrutura social e na infraestrutura econômica e da nação.

A continuidade da realização das pesquisas conjunturais e de algumas pesquisas estruturais herdadas do regime autoritário pode ser considerada exitosa no período democrático. Apesar das dificuldades orçamentárias, pelo menos as restrições e descontinuidades nos concursos públicos e na manutenção do valor real das remunerações dos servidores públicos expressaram a ausência de um plano e a perseguição geral por inovadoras informações estatísticas e geocientíficas do país em transformação.

Com as pontuais atualizações tecnológicas e a implementação de inovações metodológicas nas pesquisas conjunturais e estruturais, o IBGE conseguiu, com muito sacrifício, manter-se em ação, com consistência estatística e geocientífica de inegável credibilidade nacional no exercício de sua missão institucional. Ao mesmo tempo, o domínio do receituário neoliberal foi minando as instituições públicas de pesquisa estaduais e municipais, com o desaparecimento de uma parte delas ou com seu profundo enfraquecimento.

Diante desse contexto nacional, as responsabilidades do IBGE aumentaram, pois ele seguiu no ciclo político da democracia sem capacidade de assumir a coordenação do já fragmentado e descentralizado conjunto de bancos de dados e de registros administrativos do país. Sobre isso ganharam crescente importância as operações das grandes corporações privadas *big tech*, na desmontagem da soberania nacional sobre os dados oficiais da nação.

Desde 2016, todavia, o questionamento à ordem democrática vigente no país foi acompanhado de um novo período de instabilidade e incerteza no IBGE. Os entraves orçamentários, a ausência de concursos na renovação e ampliação do quadro de servidores, o rebaixamento do poder aquisitivo das remunerações e o avanço da precarização laboral ocorreram combinados com a fragmentação funcional da instituição, que acumulou 7 presidentes com mandato médio de apenas 1,4 ano.

Assim, a perspectiva das operações estatísticas e geocientíficas, enquanto reflexo das necessidades da sociedade, terminou sofrendo obstáculos próprios do ambiente de dominância do receituário neoliberal. Em plena revolução informacional, o tema do iletramento digital tem se manifestado, porém sem a capacitação e o treinamento generalizados para que a sociedade possa se reconhecer por meio de inovações institucionais, e com a ausência de uma nova agenda de pesquisas e estudos sobre a base estatística e geográfica do país.

As clivagens próprias de uma sociedade em mudança frente às estatísticas tenderam a crescer, em geral, por força da especialização produtiva, definida pelo modelo econômico primário-exportador. A medida das consequências para o conjunto da sociedade se encontra dependente de estudos e pesquisas que possam melhor descrever, de forma objetiva, a realidade nacional, justamente sob o regime democrático a relacionar o povo com seus governantes.

Além disso, a Era Digital avança com novas métricas a exigir a superação das abordagens tradicionais, próprias do passado da sociedade urbana e industrial. De um lado, porque a transformação digital se caracteriza por ser um processo de integração harmoniosa do uso da tecnologia, processamento, metodologias e pessoas qualificadas. De outro, porque os dados que se encontram no centro da transformação informacional definem por parâmetro plataformas de inovações contínuas, acompanhadas da melhora tecnológica e dos métodos de pesquisa e coleta de dados, fundamentais ao sustento do novo padrão estatístico e geocientífico nacional.

Em geral, as recomendações provenientes do processo de internacionalização das estatísticas apontam para a necessidade da otimização das operações de coleta dos dados e processos estatísticos. A busca da maior eficiência e agilidade na difusão das informações deve vir combinada, sempre que possível, da redução de custos operacionais.

Para tanto, as novas tecnologias de informação e comunicação devem perseguir a crescente utilização de modelos de inteligência artificial e de *big data*. Isso porque essas ferramentas são cada vez mais consideradas imprescindíveis ao tratamento e análise de grandes quantidades de dados, bem como o seu uso em tempo real.

Dessa forma, há possibilidade de avançar no acesso e absorção das informações pessoais em redes sociais que seguem tão somente disponíveis ao modelo de negócio das corporações transnacionais. Não sendo tendência passageira, a digitalização que reconhece o valor dos dados deveria reposicionar um conjunto de novas abordagens de natureza proativa e estratégica no contexto geral de mudança de época, ainda que contenha riscos e oportunidades inigualáveis.

Em síntese, o IBGE sob o regime democrático buscou se reorganizar e garantir a autonomia e independência, com manutenção de pesquisas conjunturais (saúde, educação, sustentabilidade ambiental) e estruturais.

Com certos investimentos em tecnologia para melhorar a coleta, o processamento e a disseminação de dados por meio do site e outras plataformas, o IBGE se manteve ativo no sistema nacional de estatística e geociências do país. O exercício simultâneo de servir como o cartão-postal e bússola dos rumos da nação pelo IBGE foi fortalecido pela descentralização de tarefas nas unidades estaduais e municipais, pois tal descentralização foi operada muitas vezes em cooperação com governos locais e em parcerias internacionais importantes.

Fundamental para manter em linha a atuação da principal instituição de pesquisas públicas no Brasil, tudo isso não deixa de refletir as insuficiências impostas pela trajetória de ruína da sociedade urbana e industrial – ruína trazida pelo domínio do receituário neoliberal. A seguir, aborda-se os desafios contidos na transformação digital, urgentes e necessários para a montagem do próximo Brasil a ser retratado pela construção do Sistema Nacional de Geociências, Estatísticas e Dados (SINGED).

3. O Brasil na transformação digital e a perspectiva do Sistema Nacional de Geociências, Estatísticas e Dados

O próximo Brasil precisa ser decifrado, pois do contrário tende a ser devorado pelo padrão de conceitos, metodologias e pesquisas próprio de um país profundamente desigual, cuja Era Industrial ficou para trás. No passado isso já havia sido percebido por Machado de Assis (1839-1908), quando ele descreveu a simultaneidade da existência de dois distintos "Brasis" em pleno agrarismo: "O país real, esse é bom, revela os melhores instintos; mas o país oficial, esse é caricato e burlesco". Tal descrição é de 1861, quase dez anos após a fracassada tentativa de realizar o primeiro censo demográfico do Império.

Na crônica "Analfabetismo", escrita em 1876, ano em que a DGE divulgou o primeiro censo demográfico, realizado em 1872, Machado de Assis voltou a tratar do Brasil real em relação ao oficial:

> Gosto dos algarismos, porque não são de meias medidas nem de metáforas. Eles dizem as coisas pelo seu nome, às vezes um nome feio, mas não havendo outro, não o escolhem. São sinceros, francos, ingênuos. As letras fizeram-se para frases: o algarismo não tem frases, nem retórica. Assim, por exemplo, um homem, o leitor ou eu, querendo falar do nosso país dirá: — Quando uma Constituição livre pôs nas mãos de um povo o seu destino, força é que este povo caminhe para o futuro com as bandeiras do progresso desfraldadas. A soberania nacional reside nas Câmaras; as Câmaras são a representação nacional. A opinião pública deste país é o magistrado último, o supremo tribunal dos homens e das

> coisas. Peço à nação que decida entre mim e o Sr. Fidélis Teles de Meireles Queles; ela possui nas mãos o direito a todos superior a todos os direitos. A isto responderá o algarismo com a maior simplicidade: — A nação não sabe ler. Há só 30% dos indivíduos residentes neste país que podem ler; desses uns 9% não leem letra de mão. 70% jazem em profunda ignorância. Não saber ler é ignorar o Sr. Meireles Queles: é não saber o que ele vale, o que ele pensa, o que ele quer; nem se realmente pode querer ou pensar. 70% dos cidadãos votam do mesmo modo que respiram: sem saber por que nem o quê. Votam como vão à festa da Penha – por divertimento. A Constituição é para eles uma coisa inteiramente desconhecida. Estão prontos para tudo: uma revolução ou um golpe de Estado. Replico eu: — Mas, Sr. Algarismo, creio que as instituições... – As instituições existem, mas por e para 30% dos cidadãos. Proponho uma reforma no estilo político. Não se deve dizer: "consultar a nação, representantes da nação, os poderes da nação"; mas – "consultar os 30%, representantes dos 30%, poderes dos 30%". A opinião pública é uma metáfora sem base: há só a opinião dos 30%. Um deputado que disser na Câmara: "Sr. Presidente, falo deste modo porque os 30% nos ouvem..." dirá uma coisa extremamente sensata. E eu não sei o que se possa dizer ao algarismo, se ele falar desse modo, porque nós não temos base segura para os nossos discursos, e ele tem o recenseamento.

Naquele contexto histórico próprio que levou o imperador D. Pedro II a criar a Diretoria-Geral de Estatística, em 1871, estava a finalidade de buscar melhor compreender o novo país, que se despedia da escravidão e transitava para o capitalismo na segunda metade do século XIX. Para tanto, a montagem de um inédito sistema de dados oficiais da nação contou com as iniciativas de comunidades epistêmicas internas e externas, ao estimularem o desenvolvimento institucional das estatísticas como método científico.

Em 1854, por exemplo, houve a posição da Sociedade Estatística do Brasil, surgida sob a liderança do Marquês de Monte Alegre (José da Costa Carvalho, 1796-1860). Na Europa, a realização desde 1853 de vários congressos internacionais de estatística prosseguiu com a fundação, em 1885, em Londres, do Instituto Internacional de Estatística, cuja contribuição foi essencial para a consolidação de instituições estatísticas nacionais com a nova agenda de pesquisas favoráveis à governança de populações e territórios.

Décadas depois, algo equivalente aconteceu no Brasil com a Revolução de 1930. Em 1931, por exemplo, houve a criação do Departamento Nacional de Estatística (DNE), em sucessão à antiga Diretoria-Geral de Estatística. Três anos depois, em 1934, o DNE foi substituído pelo Instituto Nacional de Estatística (INE) criado pelo presidente Getúlio Vargas. Após quase dois anos sem diretoria, o INE somente passou a funcionar em 1936, até ser transformado em Instituto Brasileiro de Geografia e Estatística, em 1938.

Um novo Brasil, que se erguia na passagem do antigo e longevo agrarismo para a moderna sociedade urbana e industrial, estava ainda por ser retratado técnico-cientificamente, o que passou a ocorrer com o novo sistema estatístico nacional. Para tanto, houve a adoção de um inédito padrão conceitual, metodológico e de pesquisa próprio da Era Industrial e em conformidade com o projeto de modernidade ocidental.

Nesse sentido, as comunidades epistêmicas tiveram uma importante contribuição no avanço da moderna estatística no Brasil. De um lado, isso se deu pelo movimento sanitarista mais atuante desde o início do século XX, a desempenhar um papel estratégico no desenvolvimento de pesquisas demográficas e de estudos que fundamentaram a implantação do Conselho Superior de Estatística em 1907.

A atuação destacada do médico José de Bulhões Carvalho (1866-1940) na chefia da Diretoria-Geral de Estatística favoreceu o avanço da uniformização da produção de estatísticas nacionais e a organização de mapas de estados e municípios no país. Também exerceu função estratégica o estatístico Mário Teixeira de Freitas (1890-1956), que, proveniente da antiga DGE, ajudou na criação das condições necessárias para a fundação e funcionamento do IBGE.

Mas como Teixeira de Freitas havia alertado anteriormente, o patriotismo sem bússola, a ciência sem síntese, as letras sem ideal, a economia sem solidariedade, as finanças sem continuidade, a educação sem sistema, e o trabalho e a produção sem harmonia e sem apoio atuam como elementos contrários e desconexos, destroem-se reciprocamente, e os egoísmos e interesses ilegítimos florescem sobre a ruína da vida comum.

No plano mundial, o movimento de internacionalização da estatística ganhou força com a criação da Liga das Nações em 1919, que produziu eventos voltados à unificação e harmonização conceitual e metodológica para a padronização e comparabilidade estatística. Mas foi com a atuação do Conselho Econômico e Social das Nações Unidas que, a partir de 1947, a Divisão de Estatística passou a atuar na montagem do sistema estatístico mundial, com referência na realidade ocidental dos países do Norte Global.

Neste primeiro quarto do século XXI, os dados estatísticos e a geociência centralizam o exercício público e crescentemente privado da governança de populações e territórios no mundo. Em meio ao enorme iletramento digital nas sociedades, a disseminação dos dados ampliou-se muito mais velozmente do que a capacidade média da população de compreender a massificação da datificação, abrindo espaço para o simultâneo uso da desinformação, falsidade e mentiras, próprias do ambiente de pós-verdade que anuncia o declínio da esfera pública na sustentação dos regimes democráticos (Habermas, 2014; Fraser, 2002).

O avanço das estratégias de mercado tem colocado em questão o modelo tradicional da sociedade urbana e industrial de produção de dados oficiais por meio dos convencionais institutos nacionais de estatística. Na Era Digital, as informações oficiais, que até então detinham centralidade na formação de ideias e opiniões no conjunto da sociedade, parecem estar à prova no convencimento da realidade e, até mesmo, na tomada de decisão e na condução de políticas públicas com ênfase orientativa da lógica privada.

Pelas redes sociais, circulam livremente informações e dados contendo, muitas vezes, problemas de desvirtuamento, quando não invenções possíveis diante do gigantesco poder das *big tech* em absorver dados pessoais, o que rapidamente é transformado em um modelo de negócios extremamente rentável. No relatório "Os dados da nação em risco: atendendo às necessidades de informação da América para o século XXI", divulgado pela Associação Americana de Estatística em julho de 2024, aparecem, por exemplo, os problemas do modelo de institutos nacionais de estatística. O relatório destaca, assim, o quanto a escassez de recursos orçamentários e a prevalência da fragmentação dos bancos de dados públicos terminam por comprometer a capacidade de inovar e manter o padrão estatístico adequado, tanto às demandas de informações da sociedade quanto à retratação da nova realidade do início do século XXI.

Mesmo assim, parece impensável nos dias de hoje que a tomada de decisões que afetam a vida e os negócios aconteça sem o avanço das estatísticas que é próprio da Era Digital. Diante do poder da internet e do oligopólio privado das grandes corporações transnacionais, os institutos nacionais de estatística encontram-se fortemente incitados a reagir.

Inicialmente, isso se dá pelo desafio da tríade constituída com base na necessidade de ampliar os investimentos em novas tecnologias, que permitam reduzir custos operacionais, elevar a velocidade da produção, disseminar os resultados das pesquisas e aprofundar a eficiência de seu tradicional funcionamento. Para isso, é necessária a urgente integração dos dados, registros e cadastros administrativos existentes na administração pública e privada, o que permitiria alterar e até mesmo reduzir a necessidade de certas pesquisas tradicionais.

Na sequência, há a função estratégica das tecnologias de informação e comunicação, voltada ao atendimento do público cada vez mais segmentado por especificidades no âmbito governamental, empresarial e da sociedade civil em geral. A reavaliação das pesquisas tradicionalmente realizadas, o seu interesse, e a funcionalidade e inovação nos estudos e pesquisas requerem a sua difusão com uma precisão e compreensão popular que evite a irrelevância para a sociedade. Enfrentar o iletramento estatístico e digital seria de fundamental importância.

Outro aspecto significativo a exigir a reação dos institutos nacionais de estatística refere-se à redefinição e ao planejamento do futuro organizacional e funcional. A garantia da atualidade, segurança, proteção e soberania dos dados converge para a necessidade de adaptação dos conceitos, dos métodos e dos processos operacionais de pesquisas tradicionais e novas, diante do aparecimento sucessivo de inovadoras ferramentas e técnicas de processamento de dados da realidade.

Isso porque, mais recentemente, tem avançado uma nova maneira de se quantificar e visualizar populações, a inaugurar uma era de pesquisas distinta da do passado. As estatísticas, coletadas e compiladas por especialistas técnicos, concorrem crescentemente com dados que se acumulam por padrão em consequência do processo de datificação.

De maneira geral, os especialistas nas pesquisas técnico-científicas convencionais da Era Industrial concebem o questionário sobre qual população a ser investigada, parcial ou total, previamente antecipando para que seja respondido posteriormente ao recenseador. Mas, na Era Digital, os dados têm sido produzidos automaticamente pelos variados e convergentes processos de datificação em curso, pela internet, nas operações de cartão de fidelidade, de consultas em sites diversos, no uso do Facebook e de inúmeros aplicativos, entre outros.

Da mesma forma, pela aceleração generalizada da conexão do modo de vida com a internet na cidade, quanto a automóvel, habitação, equipamentos domésticos, trabalho e entretenimento, entre outros, os dados aparecem, sendo capturados primeiramente, o que acaba colocando no segundo plano possíveis perguntas e questionários a serem preenchidos. Essa verdadeira inversão na possibilidade de realizar pesquisas impõe consequências muito surpreendentes, como talvez tenha representado a propagação do uso da estatística há quase quatro séculos pelo Iluminismo europeu.

Até então predominavam as redes orgânicas de informação, operadas por humanos desde a evolução da escrita no passado das cavernas até a incorporação tecnológica do telégrafo e do telefone. Mas desde a invenção do computador na década de 1940 por Alan

Turing (1912-1954), tendo passado pela criação da Internet (ARPANET – *Advanced Research Projects Agency Network*) em 1969 e pelo seu uso comercial 25 depois, até a difusão do *smartphone* enquanto dispositivo móvel que alia as funções do telefone celular com os modernos recursos da computação, resultou-se a revolução informacional parteira da nova Era Digital e das redes inorgânicas de informação, operadas por máquinas.

A presença e a dominância de *big data* têm oferecido outro horizonte de informações e análises quantitativas bem superiores às convencionais pesquisas e modelagens estatísticas em operação atualmente. Para além disso, há o reconhecimento que está em curso de um inédito tipo de conhecimento distinto, o qual demanda uma nova modalidade do exercício profissional, com especialização mais completa. Na verdade, é inexistente ainda hoje e demanda uma formação quase não disponível, pois os centros de ensino operam na lógica passada do conhecimento.

Isso a começar pela oportunidade de abandono do compromisso usual com a escala contínua geral do conjunto de dados, pois a mineração desse imenso conjunto oferece inéditas possibilidades de definição de padrões, tendências e correlações específicas a partir do rastreamento das identidades definidas previamente pelas pessoas – não mais exclusivamente *a posteriori* pelo pesquisador. Trata-se de uma inegável possibilidade de agregação individual e coletiva de dados, compatível com relações sociais, econômicas e políticas crescentemente fluidas.

Tudo isso já é possível e está em marcha, sendo na prática operado exogenamente ao funcionamento dos tradicionais institutos nacionais de estatística. Estes operam, em sua grande maioria, no modo da Era Industrial. Por isso, a ciência de dados e os seus analistas em exercício nas corporações transnacionais privadas das *big techs* estão na frente e lideram, a se tornarem cada vez mais empoderados politicamente do que os pesquisadores de uso tradicional da estatística, sem algoritmos vinculados à inteligência artificial.

As *big techs*, por deterem inúmeros dados de usuários, compõem uma gigantesca capacidade de mineração e produção de informações variadas, e operam com custos extremamente reduzidos, sobretudo se comparados com as habituais operações estatísticas da antiga Era Industrial. O que está em marcha é uma mudança de época em termos do nexo estatístico para o nexo dos dados.

Por isso, há o aparecimento de uma nova elite, a qual por hora opera sem maior visibilidade do público, em geral com os novos padrões nas redes de informação inorgânicas, pertencentes aos imensos "lagos de bancos de dados". Como se trata de uma elite constituída por analistas com forte conteúdo em física, matemática e ciência de dados, nem sempre eles possuem habilidades no estudo da sociedade e, por isso, são presas fáceis, muitas vezes, dos interesses antidemocráticos.

Nesse sentido, há a preocupação de evidenciar, como ponto de partida, a comparabilidade e a consistência no uso dos dados, voltadas para mais longe dos limites dos procedimentos de harmonização metodológica e de adoção do padrão estatístico internacional. Diante do curso da mudança geoeconômica do centro do mundo do Ocidente para o Oriente, o movimento de internacionalização das estatísticas necessita ser revisado, pois nasceu na segunda metade do século XIX e até os dias de hoje tende a perseguir a realidade dos países do Norte Global.

Nas nações do Sul Global, responsáveis por quase 4/5 do dinamismo mundial, a força de sua realidade vem se impondo, requerendo uma reconsideração do padrão conceitual e metodológico de pesquisa atualmente praticado no mundo. E com isso, a nova lógica da datificação que acompanha o modelo estatístico da Era Digital precisa estar urgentemente presente na reconfiguração soberana dos dados nacionais.

3.1 Sistema estatístico e de dados no Brasil como um vetor estratégico do desenvolvimento para o país

O mundo convive desigualmente com o intenso processo de transformação digital nas múltiplas dimensões da vida humana e no meio ambiente. No âmbito das atividades produtivas, por exemplo, tais dimensões não mais ocorrem exclusivamente nos espaços físicos determinados como lavoura, fábrica, comércio, laboratórios, sala de aula, e outros com o uso de máquinas e processos manuais.

Sem que houvesse anulação e justaposição em relação às formas tradicionais, passam a prevalecer organizações e pessoas cada vez mais conectadas e interligadas na internet, aplicativos e plataformas digitais. Em 2023, por exemplo, quase nove em cada dez brasileiros com 10 anos ou mais utilizaram a internet.

Esta conjuntura de digitalização da vida econômica e social tem resultados na geração massiva de dados provenientes de diversas fontes, como redes sociais, transações comerciais, dispositivos IoT (*Internet of Things*), entre outros. Isso possibilita também que, além das atividades produtivas e laborais, boa parte do comportamento humano em sociedade seja mensurado, quantificado e transformado em dados e informações que possam ser usados por governos, empresas e nações para seu desenvolvimento.

Dados e informações sempre foram a matéria-prima utilizada para a tomada de decisões estratégicas, personalização de serviços e de políticas públicas, identificação de tendências de mercado, aprimoramento de processos operacionais, entre outros aspectos estratégicos. Em função disso, parece prevalecer um novo *modus operandi* sob a emergência da racionalização do tempo baseada na economia e sociedade dos dados.

Por meio da datificação enquanto fenômeno e ação humana, emergiu uma nova e poderosa economia digital. O inédito mercado do conhecimento, sob a centralidade da mercadoria "informação" (bens imateriais), resulta da alteração na produção e circulação econômica e impacta o padrão de consumo familiar e o cotidiano de sociabilidade da população.

Por meio de uma diversidade de combinações e cruzamentos estatísticos possíveis, sobretudo com o uso de algoritmos e de inteligência artificial, consolida-se o modelo de negócio que transformou o modo de convivência da vida com o trabalho e o entretenimento. É uma inédita modificação cultural que rapidamente tem sido popularizada pelo uso generalizado dos equipamentos digitais à disposição da internet.

Desse modo, as atividades econômicas e sociais se transformam profundamente. Exemplo disso tem sido a significativa alteração no comportamento e evolução das unidades empresariais, laborais e governamentais. Nos Estados Unidos, por exemplo, a revista *Fortune 500* revelou que, em 2023, o grupo das 10 maiores empresas era composto por 4 empresas de saúde e de fármacos, 3 de tecnologia de informação, 2 de comércio e serviços e 1 petroleira, enquanto em 1993, o grupo das 10 maiores empresas era constituído por 3 petroleiras, 3 automobilísticas, 1 de tabaco, 1 de eletrodomésticos, 1 petroquímica e 1 de tecnologia da informação.

De acordo com Clive Humby (1955), matemático e empresário londrino, os dados são o novo petróleo e, assim como o petróleo precisa ser refinado, os dados precisam ser coletados, sistematizados, armazenados e analisados. Para tanto, a formação e a qualificação de novos profissionais, instituições, empresas, governos e sociedades se encontram diante do desafio do letramento no uso e linguagem dos dados, em prol do máximo aproveitamento de seu pleno potencial.

Isso porque a maior riqueza não está nos dados em si, mas sim justamente na capacidade de saber utilizá-los analiticamente, o que indica o quanto a inteligência incorporada em seu uso é o que permite alcançar seu maior valor. Por este novo universo, inéditas descobertas estão sendo obtidas, modificando para melhor a realidade da nação em conjunto com a renovação de suas organizações, economia e sociedade.

Diferentemente do petróleo, que enriqueceu empresas e países, pois constituiu a base da moderna sociedade industrial, a qual superou o antigo agrarismo, a datificação não degrada o meio ambiente, não se apresenta escassa e tampouco é finita no tempo. Mesmo assim, ela impacta o consumo de energia, sendo a mineração de *bitcoin*, por exemplo, consumidora do equivalente a quase 0,6% de todo o uso da energia mundial.

Pelo processo de transformação digital ser a base pela qual avança a nova modernização econômica das sociedades, diversos governos têm procurado se adequar aos novos procedimentos tecnológicos e estatísticos, superiores aos adotados nos tradicionais institutos nacionais de estatística. Assim, o sistema estatístico decorrente do paradigma da sociedade industrial vem passando por alterações substanciais.

Esse novo paradigma que emerge rapidamente tem encontrado inúmeros desafios que relacionam a produção de informações com a intensa reorganização das atividades econômicas e sociais, num uso mais inteligente dos dados pela economia e sociedade. Por isso, e assim como ocorreu no passado, as mensurações e suas formas de produção institucional necessitam ser atualizadas.

A pandemia de Covid-19, que se seguiu a outras pandemias que assolaram o planeta periodicamente no decorrer dos últimos milênios, reforçou o caráter cíclico da história. Avanços tecnológicos de uma determinada Era se tornam peças de museu na passagem para outra, com a produção de estatísticas, informação e dados submetida a ciclos e periodicidades.

Ao longo da história, as nações e economias mais bem-sucedidas criaram seus próprios sistemas estatísticos, de informação e dados – o que envolveu complexos arranjos industriais altamente sofisticados e internacionalizados, grandes investimentos e profissionais de diferentes áreas. Não raro, a decadência destas nações, e até mesmo de verdadeiros impérios, coincidiu com o fim de seu domínio sobre tecnologias e processos estatísticos, de informação e dados, traduzidos na perda da soberania de suas narrativas.

3.2 Retomada da esfera pública pelo Sistema Nacional de Geociências, Estatísticas e Dados no Brasil

A construção dos dados oficiais de uma nação remonta ao aparecimento do Estado moderno a partir do século XVII, com a Paz de Westfália na Europa pós-Guerra dos 30 anos abrindo caminho para a superação da herança obscurantista de dez séculos de predomínio da Idade Média (do século V ao XV). Na segunda metade do século XVII, os governantes europeus adotaram uma perspectiva inteiramente nova sobre a tarefa da governança de populações e territórios, por meio da adoção das estatísticas, recuperando o passado dos censos, porém projetados enquanto compreensão da população em sua totalidade, para além da base estratégica de poder e riqueza.

Desde então, a palavra "estatística", proveniente do latim *status* que resultou no neologismo *Stato*, em italiano "Estado", e *statista*, "funcionário do Estado", foi acompanhada pelo surgimento de conselheiros governamentais como autoridades científicas em paralelo às perspectivas políticas ou militares da representada emergência da cultura dos especialistas. Embora não fossem acadêmicos, os pioneiros da estatística ofereceram uma forma inédita de refletir sobre as populações pelo uso da matemática.

A própria fundação da ciência estatística se deu compreendida por muito tempo como ciência do Estado, conforme originalmente definido em 1749 pelo historiador alemão Gottfried Achenwall. Pela linguagem dos dados, a própria História passou a ser vista em movimento sustentado pelo conjunto de informações produzidas sobre a realidade do presente. Mas, como alertou um dos principais teóricos do liberalismo econômico, o empresário francês Jean-Baptiste Say: "[...] a estatística, descrevendo os fenômenos que se manifestam, não pode explicar nem as causas, nem os efeitos e está, portanto, absolutamente subordinada à economia política".

Por isso, o que se mede, como se mede, quem mede, para quem se mede e por meio do quê se mede tendem a estar direta ou indiretamente associados à gestação social, econômica e cultural e politicamente situados historicamente. Tanto assim que os chamados números públicos acumulados superaram a condição de registros bíblicos presentes no Antigo Testamento.

Em geral, os dados não deixaram de servir também para a preparação de guerras. Mesmo assim, convém lembrar que a modernidade estatística apareceu com a realização do primeiro censo demográfico de 1790 nos Estados Unidos, cuja finalidade foi a de servir de contagem populacional para a definição precisa da representação política na Câmara Federal.

Mas foi pelo Acordo de Yalta, em 1945, quando o mundo foi redividido face à nova ordem resultante do pós-Segunda Guerra Mundial, que o sistema de estatística de fato se internalizou. Ainda que marcado pelo ambiente da Guerra Fria, o sistema estatístico global consolidou a perspectiva ocidental dos países do Norte Global pela força e importância da Comissão de Estatística das Nações Unidas.

A explosão de Estados nacionais, resultante do fim da Segunda Guerra Mundial e das vitórias das lutas anticoloniais, multiplicou por quatro o número de países no mundo, praticamente todos pertencentes à ONU. Independentemente da identidade cultural de cada país, a internacionalização das modernas estatísticas, ocorrida no segundo pós-guerra, permitiu conformar uma inédita uniformidade, padronizada por conceitos e metodologias de comparabilidade sem paralelo histórico sobre diferentes dimensões e temas.

Nos dias de hoje, contudo, o avanço da revolução informacional acontece em simultâneo à mudança estrutural da esfera pública, que, segundo o filósofo alemão Jürgen Habermas, aponta para o descrédito da democracia assentada no esvaziamento do papel tradicional da imprensa e dos profissionais da comunicação. O que parece despontar no horizonte da desregulação da esfera pública – desregulada pela emergência das plataformas da Era Digital – são os dados operados como mercadorias por grandes empresas privadas de tecnologia.

Transformados em *commodities*, os dados deslocam a máxima da Era Industrial, quando a informação era tratada como poder, para uma lógica da pós-verdade. Muitas vezes, amparam a desinformação, que passa a assumir a máxima condição do exercício do poder político, econômico, social e cultural.

No rastro da nova Era Digital, e com a dominância de *big data*, controlada pelas grandes corporações privadas das *big techs*, as estatísticas oficiais sofrem ataques, tornando-se vulgares e potencialmente ofensivas, o que coloca a própria democracia em risco. O tema do momento que se destaca são as fake news, a intransparência, o obscurantismo, a revelar, conforme alertou o historiador inglês Eric Hobsbawm, o quanto as palavras podem ser testemunhas que falam, muitas vezes, mais alto que os documentos. Na passagem da sociedade agrária para a urbana e industrial na Inglaterra, por exemplo, as palavras "liberal", "conservador", "burguesia", "pauperismo", "classe trabalhadora", "cientista", "jornalista", "estatística" e outras mais expuseram a emergência das ciências modernas, que sinalizou uma das principais transformações na história da humanidade.

Na atualidade do mundo em transformação digital, desponta o amedrontamento do despertar dos riscos da difusão de uma maior ignorância, expressa pelo gigantismo do iletramento digital. Por estarem assentadas no poder da desinformação, canalizado pelo processo avançado da monopolização do conhecimento e pela conversão em mercado de informações, poucas e grandes corporações transnacionais de tecnologia da informação parecem dirigir sem freios o iletramento digital da sociedade em prol de lucros extraordinários.

Ao capturar, armazenar, sistematizar, definir e dirigir o acesso ao conhecimento por meio da revolução informacional, as denominadas *big techs* configuram um mundo novo, operado nas veredas do iletramento, com a disseminação de uma espécie enraizada no possível obscurantismo que cresce à sombra do desmoronamento desregulatório da esfera pública. Pode ser o fim da Idade Moderna, cujo Renascimento e Iluminismo europeu permitiu romper com o poder da Igreja Católica a partir do século XVI.

A Idade Média perdurou por cerca de dez séculos, desde o século V, quando houve a queda do Império Romano, até o século XV, com a tomada de Constantinopla por turco-otomanos. Foi um longevo período marcado por quase dez séculos de monopolização do conhecimento moldado na ignorância obscurantista, própria da sociedade agrária atrelada ao modo de produção feudal.

O contrário, entretanto, ocorreu paralelamente entre os séculos VIII e XIII, com a Era de Ouro do Islã, cujo prestígio se espalhou até o século XIV. Naquele período, o grande centro de inovação e conhecimento estava no mundo islâmico, com destaque para várias áreas (Medicina, Filosofia, Ciência, Matemática, Astronomia e outras), e cujo reconhecimento sobre a sua influência para o modernismo ocidental somente foi observado mais tarde pelas universidades europeias.

Mas, no caso da longeva Idade Antiga, registrada entre seu início 4 mil anos antes de Cristo, com a invenção da escrita pelos sumérios, até o século V d.C., o conhecimento passou a ser perdido com a queda do Império Romano. Era colocado por terra o papel das bibliotecas como guardiãs do conhecimento, construídas no passado longínquo – do Iraque com a biblioteca de Ashurbanipal, do Egito com a biblioteca de Alexandria, da Turquia com as de Pérgamo, Celsus e Constantinopla, da Grécia com a de Adriano, de Roma com a de Capitolina, entre outras.

O que terminou prevalecendo, então, foi o conhecimento capturado e concentrado cada vez mais no poder da Igreja Católica.

Com isso, houve a dominância do conhecimento aprisionado no monopólio dos conventos, mosteiros e abadias – do Egito na biblioteca de Santa Catarina, da Turquia na biblioteca de Montes Altos, da Suíça na de Saint Gall, da Alemanha na de Fulda, da França nas de Cluny e Corbie, da Itália nas de Cassiodoro, São João e São Paulo, na biblioteca do Vaticano, entre outras.

Por serem restritas e inacessíveis, além das bibliotecas monacais, as bibliotecas capitulares se destacavam por serem localizadas nas igrejas, como nas catedrais do Ocidente e Oriente mantidas por monges durante o período de Bizâncio. Eram bibliotecas operadas por monges como caixa-forte do conhecimento, na leitura, escrita e cópia fundamentalmente de obras consideradas não-pagãs e dirigidas somente para religiosos e pessoal autorizado.

Embora já existissem desde o século XI, as bibliotecas universitárias somente passaram a ganhar importância no acesso ao conhecimento a partir do século XV, com recursos que permitiram maior infraestrutura, como na França e Inglaterra por meio de suas famosas universidades de Paris, Cambridge e Oxford. No mesmo século XV surgiu a primeira biblioteca pública civil, a Biblioteca Malatestiana, na Itália, para logo depois proliferarem no mundo em toda a Idade Moderna, marcada pela passagem da antiga e longeva sociedade agrária para a urbana e industrial.

Com a invenção da imprensa por Johannes Gutenberg, também no século XV, a capacidade de difundir o conhecimento rapidamente fugiu do monopólio da Igreja Católica. O grande aliado da produção de livros e da circulação de ideias veio com a Reforma Protestante, no século XVI, cuja expansão dependia da alfabetização da população.

A vacina contra o avanço das mentiras e da desinformação na atualidade se encontra na retomada do papel estratégico da esfera pública a recuperar a soberania das nações sobre os dados. Com a adoção do programa nacional de letramento digital, e com a montagem da infraestrutura tecnológica do país sobre produção e transmissão de dados oficiais e não oficiais, há possibilidade de contraposição ao domínio exclusivo das *big techs*.

No Brasil, há perspectiva de construção democrática, transparente e participativa do Sistema Nacional de Geociências, Estatísticas e Dados (SINGED), com a centralidade do IBGE na Presidência da República. É a retomada da concepção original definida entre 1936 e 1964, quando o Instituto Brasileiro de Geografia e Estatística foi o coordenador dos dados oficiais na nação, sendo o Anuário Estatístico a fonte de integração das informações da nação analógica vigente até então.

Desde 1964, sobretudo com a reforma administrativa de 1967, o deslocamento do IBGE para um foco setorial levou a uma fragmentação e dispersão sem controle e a um elevado custo de gestão descentralizada das informações do conjunto da nação. O resultado disso é o Brasil a ingressar no segundo quarto do século XXI sem dispor de um sistema nacional de dados estratégicos, integrados e soberanos.

A ausência de homogeneização metodológica, pareamento estatístico e interoperacionalidade entre os diferentes bancos de dados e registros administrativos existentes persegue intocável ao longo do regime democrático, iniciado em 1985. Por isso, segue comprometendo e agravando uma parcela significativa e crescente do orçamento público na gestão das informações, por repartidas temáticas e tecnologicamente dependente e subordinada às corporações transnacionais.

A fragmentação atual dos dados prejudica o planejamento e a coordenação governamental. Na Era Digital, a República precisa dispor de uma estrutura que permita a reorganização, integração, harmonização e pareamento dos diferentes bancos de dados na administração pública federal.

Isso o IBGE atualmente não faz, mas tem potencial de fazer por intermédio do SINGED, o Sistema Nacional de Geociências, Estatísticas e Dados, capaz de responder também às necessidades da cooperação internacional, sobretudo no âmbito do Sul Global. O sentido do SINGED é o de permitir ao país a integração de diferentes atores e fontes de dados.

Para tanto, a consolidação de um ecossistema de dados de qualidade internacional deve seguir boas práticas das Nações Unidas, permitindo eliminar a duplicação de esforços e definir novos métodos e padrões de pesquisas e estudos. Dessa forma, possibilitaria a melhora da qualidade dos dados, certificando o conjunto destes à nação – conjunto a ser efetivado de maneira coletiva com produtores e usuários de dados sob coordenação do IBGE.

Por ser um país em rápida e profunda transformação demográfica e geoeconômica em seu território de dimensão continental, novos desafios se impõem ao IBGE. A nova realidade geoeconômica e demográfica da sociedade brasileira abre um inédito horizonte de expectativas sobre o que pode ser o presente e o futuro da nação.

O sistema de inteligência que reúne informações, dados, estatísticas e geociências é crucial para a inovação institucional e para o monitoramento e avaliação *online* das políticas públicas. Historicamente, o IBGE concentrou-se na importante tarefa de ser o grande produtor de informações da nação, desde a transição da antiga sociedade agrária para a urbana e industrial.

Hoje, entretanto, a posição do Brasil na Divisão Internacional do Trabalho, o avanço da transformação digital e a modelização dos negócios centrados em dados impactam diretamente a economia e a sociedade brasileira, impulsionando uma nova dinâmica regional, com a desmetropolização e a interiorização do desenvolvimento do país. Cabe ao IBGE, em função disso, o desafio da produção de informações consistentes e na velocidade exigida pela nação.

Para isso, a diversidade dos bancos de dados da nação, a serem integrados apropriadamente às melhores práticas estatísticas e geocientíficas, possibilita reafirmar a missão institucional de retratar a nova realidade geoeconômica e demográfica com uma inédita matriz de indicadores e metas às políticas públicas e ao planejamento nacional. Por hora, também tem buscado refletir a respeito dos desafios que cercam a sua produção e disseminação frente aos quatro principais eixos transformadores da existência nacional. Inicialmente, o deslocamento do centro dinâmico mundial do Ocidente para o Oriente faz com que o maior peso do comércio brasileiro se volte ao Oceano Pacífico, não mais ao Atlântico.

Na sequência, a transição para a Era Digital se manifesta presente na imposição de uma nova Divisão Internacional do Trabalho entre países exportadores e importadores de bens e serviços digitais, o que gera urgência estratégica na construção da nova indústria no Brasil. O aparecimento de outro regime climático, conhecido como Antropoceno, também requer uma profunda reposição do planejamento nacional em relação às políticas públicas voltadas à sustentabilidade ambiental.

Por fim, mas não menos importante: o novo regime demográfico em curso no Brasil. A alteração na trajetória populacional implica consequências inéditas e graves ao conjunto da população, como pressupõe a reformulação nas políticas públicas tradicionais.

No rastro do melhor cumprimento de sua missão institucional – a de "retratar o Brasil com informações necessárias ao conhecimento de sua realidade e ao exercício da cidadania" –, o IBGE trata de constituir os elementos estruturadores de sua construção plena. Para tanto, há a necessidade de enfrentar os obstáculos fundamentais, conforme tratado a seguir.

3.3 Revolução informacional e a quarta transformação estrutural das estatísticas oficiais no Brasil

Acontecimentos políticos de grande envergadura ocorridos em 2016 no Ocidente (plebiscito do Brexit, eleição presidencial nos Estados Unidos, *impeachment* no Brasil e outros) fizeram o Dicionário de Oxford eleger o neologismo "pós-verdade" como a palavra daquele ano. Isto é, a identificação de que a inclusão do prefixo "pós" à palavra "verdade" poderia tornar a autenticidade representacional descomprometida da realidade.

A antiga influência demolidora da razão iluminista, proposta pelo filósofo alemão Friedrich Nietzsche (1844-1900), ganhou mais evidência e atualidade com a ascensão da perspectiva da condição pós-moderna do mundo. Pela problematização da verdade avançando sobre o campo do saber, as pequenas narrativas se difundiram, propondo substituir a metanarrativa como a verdade, a razão e o progresso.

Com a desestabilização da verdade representacional de raiz iluminista, o entendimento sobre a autenticidade se complexificou. Os apelos emocionais ascenderam sobre a objetividade dos fatos, concomitante ao germe da indiferença do mundo real, ao desinteresse pela realidade ou realidades paralelas e à prevalência da retórica sobre as evidências teóricas a soldarem a ideia do senso comum sobre o científico.

No campo comunicacional de propósitos midiáticos, políticos e econômicos, a pós-verdade tendeu a validar informações sem que estas tenham sido verificadas. Assim, a triagem identificada com "versões" (*fake news*) que explicitem a própria visão de mundo passou a contar com a crescente concordância individual e de grupos sociais.

O atual curso da mudança de época, que marca a sociedade brasileira neste primeiro quarto do século XXI, tem sido revelado pela intensa e ampla produção técnico-científica do IBGE. Com base no 13º Censo Demográfico, recentemente tornado público, percebe-se as múltiplas alterações na composição de raça/cor dos brasileiros, a inflexão no ritmo de expansão absoluta e geográfica da população, o processo acelerado de envelhecimento, entre outros fatores.

Em perspectiva histórica, as estatísticas oficiais do país se encontram diante de sua quarta transformação estrutural. Por sua complexidade metodológica e mobilização de recursos públicos necessários, cada uma das transformações estruturais trouxe novidades associadas à mudança do tempo histórico do Brasil.

Ainda sob as contradições da antiga e longeva sociedade agrária e escravista, a criação da Diretoria-Geral de Estatística (1871) estabeleceu a primeira grande transformação nacional nas estatísticas oficiais. Para isso, a transição de quase três décadas (1846-1872) foi caracterizada por idas e vindas na implementação do letramento estatístico ao longo do Império (1822-1889).

A primeira transformação estrutural nas estatísticas oficiais teve início em 1846, com a adoção do primeiro regramento censitário. A frustração gerada em 1852 com o cancelamento do primeiro censo demográfico gerou reação mobilizadora a partir de 1854, pelo surgimento da Sociedade de Estatística, até 1872, quando o primeiro e único censo demográfico do Império foi realizado.

A segunda transformação estrutural transcorreu na passagem institucional da Diretoria-Geral de Estatística (DGE) para o Instituto Brasileiro de Geografia e Estatística, ocorrida na década de 1930. Diante do aparecimento da nova sociedade urbana e industrial, a descentralizada organização censitária e dos dados administrativos foi se tornando obsoleta.

Após três décadas de continuidade sem continuísmo, a construção do Estado moderno pressupunha a existência de agentes públicos capazes de oferecer estatísticas oficiais centralizadas. Isso ficou evidente com a idealização de um plano estatístico fundado nos registros hospitalares, a ser adotado na política pública de saúde do enfrentamento de epidemias que assolavam o país desde o fim do século XIX.

A terceira transformação estrutural ocorreu internamente ao IBGE, com a ampliação de sua atuação censitária para o uso das modernas técnicas de amostragem e de coleta de dados amostrais. No início da década de 1950, as insuficiências das estatísticas oficiais levaram à reformulação da instituição, com a criação em 1953 da Escola Nacional de Ciências Estatísticas (ENCE) e com a realização de diversas missões internacionais para o estudo e incorporação de novas metodologias técnico-científicas.

Em 1960, por exemplo, o IBGE registrou importantes modificações internas, com a aquisição de um supercomputador à época (cérebro eletrônico) na realização do 7° Censo Demográfico, e com a adoção experimental das técnicas de amostragem na produção de estatísticas. Com isso, o IBGE monta desde 1966 o programa de pesquisas domiciliares por amostragem em bases contínuas. Esse programa permitiu implantar tanto a Pesquisa Nacional por Amostra de Domicílios (PNAD), em 1967, quanto o Estudo Nacional de Despesa Familiar (ENDEF), em 1974 – a base da Pesquisa de

Orçamento Familiar, que fundamenta o Sistema Nacional de Índices de Preços ao Consumidor, surgido em 1978.

Por fim, a quarta transformação nas estatísticas oficiais, expostas à digitalização que começou nos anos 1990: a internalização das tecnologias de informação e comunicação possibilitadas pela implantação dos terminais de microcomputadores e da internet. Na realização do 12° Censo Demográfico, em 2010, e desde então, os coletadores de dados do IBGE substituíram os antigos formulários de papel por computadores conectados ao Sistema de Posicionamento Global (GPS).

Em plena terceira década do século XXI, o conjunto das estatísticas oficiais do Brasil se encontra exposto a duas gravíssimas vulnerabilidades, as quais precisam ser urgentemente enfrentadas. Em primeiro lugar, o comprometimento da soberania dos dados, imposto pela revolução informacional. Esta, conduzida desregradamente por corporações transnacionais, permite mais do que compensar a disponibilização de suas plataformas de tecnologia de informação e comunicação – tecnologia atrelada à obrigatoriedade da disponibilização e do acesso à privacidade individual e, por consequência, à privacidade do conjunto da população.

O avanço do processo de datificação tem favorecido a formação de quase um monopólio privado, cuja concentração econômica impacta o controle direto do conteúdo, do conjunto de dados e de sua distribuição, bem como molda o novo modelo rentável de negócio privado, assentado na captura, armazenamento, sistematização, mineração e monetização de dados. O desequilíbrio que se estabelece em relação ao setor público transcorre também das barreiras à entrada, protegendo grandes plataformas da concorrência a impulsionar, por meio das redes sociais, o efeito de atração e controle privado do conjunto dos dados no universo dos usuários.

A segunda vulnerabilidade do conjunto das estatísticas oficiais do Brasil decorre da enorme e crescente fragmentação federal dos bancos de dados, registros administrativos e pesquisas. Sem a existência do padrão de homogeneidade, o conjunto de dados segue uma dinâmica dispersa por distintas fontes e serviços de processamento de dados, o que restringe a operabilidade de uso e impõe retrabalho e custos onerosos.

Frente a isso, a defasagem da legislação sobre a produção de estatísticas, geociência e dados parece inegável, exigindo o estabelecimento de uma nova institucionalidade, a centralizar no novo IBGE a arquitetura do soberano Sistema Nacional de Geociência, Estatísticas e Dados. Partindo da reorganização da infraestrutura de dados e do processamento no âmbito federal, a integração das distintas fontes oficiais e não oficiais constituiria a base pela qual a coordenação geral, com instâncias de decisão estabelecidas, teria um plano de trabalho e metas de financiamento orçamentário. Para tanto, as normas, padrões conceituais, certificações e protocolos de compartilhamentos da produção estatística, registros administrativos, cadastros e dados, geoinformações e sua periodicidade – em conformidade com o código internacional de boas práticas de operacionalidade no âmbito da esfera pública – teriam o enorme impulso consolidador do SINGED como a marca da quarta transformação das estatísticas oficiais.

4. Prospectivas: o ecossistema do futuro de dados na Era Digital

O Brasil se encontra diante de uma nova e profunda inflexão histórica. O processo desencadeador se assenta na transição para a Era Digital, que parece reafirmar a perspectiva do agir comunicativo identificado por Jürgen Habermas (Habermas, 2012).

A aprofundação do enraizamento da revolução informacional tem impactado – ampla e indistintamente – a totalidade das dimensões da vida econômica, social, jurídica, cultural e política da nação. Mas essa perspectiva de produção e difusão do conhecimento – ancorado no ecossistema de dados na Era Digital – permanece longe do modo dominante de compreensão da realidade e dos possíveis rumos do Brasil para o segundo quarto do século XXI.

Tal como ressaltou Francis Bacon (Novum Organum *ou verdadeiras indicações acerca da interpretação da natureza*. 2. ed. São Paulo: A. Cultural, 1979), a crítica ao conhecimento gerado sem fundamento real precisa ser impulsionada em conjunto com a oportunidade de melhorar a disseminação e o modo do agir comunicativo. No caso aqui, o IBGE atual.

Mesmo tendo realizado o segundo censo demográfico da Era Digital (2010 e 2022), que coincidiu, inclusive, com o bicentenário da Independência Nacional, as ideias da nação seguiram dominadas pela miséria neoliberal do ganancioso presentismo rentista e pelo horizonte de curtoprazismo do modelo primário-exportador. Uma espécie de suspensão do futuro transcorre em paralelo com o avanço do imperativo dos sistemas de dados a penetrar no mundo da vida e dos negócios, o que tem provocado as estruturas simbólicas dos números como monumentos fundantes da inflexão histórica do Brasil.

É nesse contexto nacional que o próximo Brasil está sendo reconfigurado. As fontes e usos permitidos pela difusão das aplicações de *big data* e de inteligência artificial abarcam e concorrem com a forma e o conteúdo da produção das estatísticas oficiais, o que coloca o risco da obsolescência ao modelo de instituto nacional de estatística da Era Digital.

A incorporação de *big data* nos dados oficiais tem gerado dúvidas sobre a capacidade soberana da governança, transparência e confidencialidade estatística em relação ao presente modelo de atuação dos institutos nacionais de estatística, por estes não deterem o controle soberano sobre a administração privada dos dados. Em geral, as fontes de dados de *big data* provêm da captura de fins distintos, cuja farta disponibilidade de informações e suas definições conceituais, metodológicas e de coleta resultam em serviços distintos e de variada natureza.

Por isso, há o risco de haver um viés prévio na seleção, assim como na possível imprecisão da representatividade e da cobertura estatística da realidade que ela busca apresentar. Pelo modelo atual dos institutos nacionais de estatística, as pesquisas censitárias e amostrais resultam de uma adoção específica e determinada previamente, de finalidade conceitual e metodológica, para obter resultados certeiros e representativos do objeto investigado.

Mesmo com as discrepâncias destacadas, há soluções metodológicas em curso para permitir o uso de *big data* e inteligência artificial que possa vir a corrigir – se houver – um viés de seleção, bem como outras imprecisões relativas às pesquisas tradicionais desenvolvidas pelos institutos nacionais de estatística. Nesse sentido, há a necessidade de combinar as tarefas convencionais do sistema estatístico nacional com a incorporação do potencial das novas fontes de dados de *big data* e as que ainda devem atuar com a inteligência artificial, próprias da Era Digital.

Dessa forma, a marcha atual da revolução dos dados pressupõe reestruturar e modernizar o atual modelo de instituto nacional de estatística, com um salto nos investimentos tecnológicos e na formação, qualificação e gestão da força de trabalho. Ao mesmo tempo, é urgente a integração dos diferentes bancos de dados, registros administrativos, e novas informações disponíveis por satélites e imagens físicas do meio ambiente e de localidades, pois todos esses fatores possibilitam a ampliação do horizonte da produção científica que gera subsídios às políticas públicas.

Em resumo, *big data* e inteligência artificial complementam e suplementam pesquisas e métodos tradicionais de pesquisa, realizados pelo modelo convencional de instituto nacional de estatística, não – necessariamente – os seus substitutos.

Mas, para isso, a implementação de princípios de harmonização de seus denominadores comuns é fundamental – para que os serviços da estatística oficial possam melhor corresponder à base essencial do desenvolvimento multidisciplinar e transversal dos domínios econômico, demográfico, social e ambiental. Também devem produzir conhecimento mútuo entre Estados e povos próprios da nova sociedade democrática que está em transformação na governança de populações e territórios.

Neste novo contexto histórico, o modelo de instituto nacional de estatística necessita avançar diante do processo em curso de transformação digital, cujos impactos sobre a realidade social, econômica, política, cultural e ambiental dos países têm sido inequívocos. A transição dos institutos estatísticos oficiais requer a concomitante reconfiguração do Sistema Estatístico Nacional, a ser contemplado no interior de uma inovadora infraestrutura administrativa, ampliando o seu *status*, o mandato e a posição dos escritórios estatísticos no país.

A nova base legal para os dados oficiais e geocientíficos deve considerar tanto a reformulação da estrutura organizacional das estatísticas nacionais quanto a própria reengenharia tecnológica. Padrões estatísticos internacionais podem não corresponder às necessidades de apresentação e análise dos fenômenos e processos específicos de cada país.

Por estar assentado na inovação tecnológica, o intenso e extenso programa formativo nas ciências de dados deve permitir o melhor monitoramento das mudanças na sociedade, na economia e no Estado nacional. A estratégia, os métodos e a escala do ajuste das estatísticas oficiais aos padrões internacionais são decisões autônomas e internas dos institutos nacionais. Para além da adequação do sistema estatístico oficial nacional aos padrões internacionais, não se deve deixar de reconhecer a emergência do Sul Global diante do deslocamento do dinamismo do Ocidente para o Oriente.

Isso porque o papel das estatísticas oficiais tem sido o de ajudar os governos a definirem estratégias ótimas de transição, avaliarem os custos e efeitos socioeconômicos da transição, monitorarem os processos desta e construírem sistemas de alerta precoce. Com o movimento de internacionalização das estatísticas, há a preocupação com a garantia do livre acesso às informações estatísticas enquanto sustentação dos regimes democráticos.

Enfim, é urgente repensar os dados e a própria governança deles à medida que a transnacionalização da produção econômica vem avançando, com mudanças tecnológicas que enfraquecem gradualmente a validade das medidas estatísticas. Às vezes, também se pode observar a existência de lacunas entre conceitos adotados e orientados para a captação de dados e os resultados encontrados, podendo comprometer a qualidade da medição das estatísticas e seus impactos, que podem decorrer nas políticas públicas.

Por isso, é importante a atuação contínua nos fatores que podem impulsionar imprecisões e inconsistência da medição estatística. A imutabilidade de conceitos que foram constituídos em períodos de tempo distantes da atualidade pode constituir limitações, a causarem equívoco de medição diante da crescente complexidade da economia global.

A precisão da medição estatística é um atributo fundamental da credibilidade e confiança dos institutos nacionais e oficiais de estatística. Diante da reestruturação corporativa global dos negócios na Era Digital, novas questões para as estatísticas se apresentam como desafios constitutivos do ecossistema de dados do futuro, sem contar a própria harmonização dos padrões estatísticos.

Nesse sentido, é essencial a integração das informações com o conhecimento avançado para a redução dos tempos e custos de produção das estatísticas e geociências oficiais. Como a tecnologia de dados tem evoluído para a inteligência artificial, a produtividade da cadeia de valor dos institutos nacionais de estatística pode e deve ser elevada significativamente.

Trata-se de algo plenamente possível mesmo com as inovações e disrupções tecnológicas a produzirem o futuro do ecossistema de alcance global, o que pressupõe o salto exponencial das ciências aplicadas. Pelo panorama sintético de conteúdos, há uma reconfiguração progressiva do ecossistema digital sob o predomínio dos dados, cujo conhecimento em circulação tem sido traduzido em quantidades de informação (*bit*).

Isso parece estar em sintonia com o fato de as nações não mais estarem somente competindo por territórios, mas também pela dominância do tráfego de dados, o que impacta na própria soberania dos dados nacionais. Uma nova civilização de comunicação figurativa estaria a reformular conceitos, conteúdos e mensagens segmentadas entre as massas digitalmente iletradas pelas elites dominantes.

Na sociedade da informação, onde tudo repercute ampla e rapidamente, nada termina sendo inofensivo, sobretudo quando proveniente das estatísticas oficiais, que possuem um curso próprio no âmbito dos meios novos e tradicionais de comunicação e formação de opiniões. Pelo novo paradigma econômico tecnológico, os dados assumiram a condição de variável estratégica.

A mudança do papel dos institutos nacionais de estatística deve se adaptar às novas exigências da sociedade e do poder público. Na Era Digital, o maior poder da computação tem repercutido na autonomia dos indivíduos, em termos de acesso às redes de comunicações e à capacidade de processamento e uso de dados, o que tem diminuído o poder de monopólio dos institutos nacionais de estatística.

No caso do IBGE, nota-se pela trajetória histórica o quanto ele tem procurado ser compatível com o avanço do conhecimento sobre as mudanças tanto da sociedade como do meio pelo qual os brasileiros vivem. Nesse sentido, cabe reforçar o papel do IBGE enquanto bússola do movimento da nação, capaz de monitorar as trajetórias perseguidas, as mudanças de rumo e as macrotendências portadoras de futuro do próximo Brasil.

Ao se decompor o campo do exercício da cidadania, por intermédio de radiografias nacionais, setoriais, regionais, locais, coletivas e individuais, o IBGE pode contribuir para moldar o universo dos horizontes de expectativas do conjunto dos brasileiros. E é por aí que o Brasil precisa avançar mais rapidamente. Na marcha da datificação, oportunizada pela grande, ampla e profunda transformação digital da sociedade, economia, política e cultura nacional, o país está prenhe, a constituir, em uma nova escala da Era Digital, o seu soberano Sistema Nacional de Geociências, Estatísticas e Dados (SINGED), o verdadeiro *hub* público informacional.

O primeiro passo foi obtido no curso da transformação urbana e industrial, há mais de oito décadas, quando a base formativa do sistema geográfico e estatístico transcorreu por meio da cooperação integrativa em rede nacional com as três unidades federativas no levantamento e sistematização de dados e informações. Conjuntamente, houve a instalação de delegacias regionais e municipais dos serviços do IBGE, mapeando o território e atuando próximas da população.

Agora, as gerações do presente precisam dar o segundo passo em direção ao ecossistema de dados e informações estatísticas e geográficas da mais alta qualidade internacional. É uma construção coletiva, cuidadosa e responsável pela agregação sistêmica e digitalizada do conjunto das instituições que produzem informações e dados geográficos e estatísticos nas mais distintas dimensões do conhecimento humano sobre a nação e sua população.

É uma ação fundamental para convergir a produção de conteúdo associada à complexidade das políticas públicas nesse início do século XXI. A hora é de reconstrução e ampliação de horizontes, em sintonia com todos os avanços que a Era Digital proporciona, e que têm feito evoluir as principais instituições homólogas nas nações que possuem os melhores e mais abrangentes sistemas de dados e estatísticas do planeta.

O Brasil, pelas suas dimensões e aspirações, não pode ficar atrás nesse processo. Ao IBGE cabe resgatar o protagonismo que o aureolou como uma muito importante e prestigiada instituição de produção de conhecimento estatístico e de referências geográficas do planeta.

Para tanto, a maior abertura à sociedade em movimento e o processo democrático de escuta de suas demandas fundamentam o enraizamento institucional e protagonizam o ecoar da realidade – tal como se apresenta ao exercício das funções estratégicas de espelho e bússola da nação. A voz da sociedade, quando coletiva, é empoderadora e reconhecida como o meio de elevar e de qualificar o debate nacional, bem como os termos e condições de operacionalização das políticas públicas em prol do sistema produtivo e do bem-estar da sociedade.

No contexto da formulação de políticas baseadas em evidências, as estatísticas oficiais seguem constituindo a base pela qual o conjunto das decisões tomadas impacta milhões de cidadãos e influencia o gasto público e privado. Para serem úteis aos formuladores de políticas públicas e tomadores de decisão, as estatísticas oficiais devem ser crescentemente precisas, relevantes, oportunas, ágeis e disponíveis, pois são concebidas enquanto bem público.

Posfácio: sem planejamento não há futuro, somente destino

O olhar sobre o próximo Brasil pelas lentes das estatísticas passa pela compreensão das questões fundamentais que permitem ao país descolar do destino moldado pela ruína da sociedade industrial, em curso desde a última década do século XX. Para isso, é necessária a retomada do planejamento em busca do futuro possível com desenvolvimento sustentável, democracia, justiça social e soberania de dados.

Uma das questões fundamentais se insere no entendimento do sistema estatístico, coetâneo do processo de inflexões históricas ocorrido perante as profundas mudanças de época. Conforme descrito nas páginas anteriores, a passagem do agrarismo para a sociedade urbana e industrial no Brasil foi acompanhada da reconfiguração no Estado Novo (1937-1945) do que havia até então de sistema estatístico nacional, implementado durante a monarquia (assentada na escravidão) e mantido no capitalismo emergente na República Velha. A modificação no sistema estatístico nacional, instalado após a Revolução de 1930, ocorreu somente na Ditadura Militar, quando o IBGE perdeu a capacidade de coordenação nacional dos dados oficiais entre os anos 1960 e 1970.

Nos dias de hoje, a situação do sistema estatístico nacional se encontra relacionada à efervescência da sociedade de serviços cada vez mais interpenetrada pela revolução informacional e a consequente interconexão social, econômica e política com a internet, inteligência artificial e algoritmos. Por isso, as instituições de estatística atuais, próprias da passagem da sociedade urbana e industrial, sofrem consequências do inédito contexto de transformação digital, o que tem impactado também os conceitos e metodologias recorrentemente adotados nas pesquisas, bem como nos agentes e modos de coleta das informações e dados.

Diante da massiva geração de dados nas mais variadas dimensões da sociedade, as comunidades epistêmicas e o senso comum a respeito dos institutos oficiais de estatística têm sido expostos ao questionamento sobre as inovações conceituais e metodológicas da captura de dados da própria realidade. Percebe-se, todavia, que a transição para o século XXI contemplou uma dominância do cenário neoliberal, marcado pela desregulação das forças de mercado em meio à marcha da economia digital, dirigida pelo quase monopólio das *big techs* frente ao enfraquecimento da esfera pública.

Com o avanço do novo ramo econômico da indústria de inteligência artificial, e com a produção e a distribuição consumista dos dados estando ancoradas no campo dos algoritmos, a fronteira da governança de populações e territórios sofreu uma inquestionável revisão no papel dos Estados nacionais. Expressões como "tecnofeudalismo", "capitalismo de vigilância" e "colonialismo e extrativismo de dados" foram sendo adotadas para caracterizar a realidade imposta pela crescente assimetria do poder privado, ancorado no processo de mercantilização de dados.

Com as *big techs*, um novo modelo de negócios excludente foi organizado, permitindo alcançar lucros extraordinários por meio do tratamento e transformação das informações em produtos diversos (conteúdos customizados, serviços de inteligência de dados, publicidade e outros). Além do conjunto das informações pessoais e institucionais compartilhadas – através da interpenetração das redes sociais e das opções de audiência e navegação na internet, decorrentes da política de privacidade das *big techs* –, os países foram perdendo parte de suas capacidades de manutenção da soberania dos seus próprios dados nacionais.

O resultado disso tem sido o questionamento dos próprios sistemas estatísticos nacionais. Pela dominância das grandes corporações privadas no ambiente dos dados, as estatísticas oficiais, enquanto ratificadoras do conhecimento e balizadoras de opções de políticas públicas, precisam atualmente de um novo marco legal e regulatório.

O reforço da confiança, legitimidade e credibilidade da economia de dados pela sociedade pressupõe a conversão do sistema estatístico oficial em uma organização pública dos dados nacionais, a ser conduzida por uma autoridade de dados. É uma excelente oportunidade para que o IBGE possa voltar a exercer a coordenação nacional dos dados, assim como ocorreu entre 1936 e 1964.

Nos dias de hoje, a construção do Sistema Nacional de Geociências, Estatísticas e Dados se apresenta como a melhor solução para o Brasil, superando a via dos custos elevados e a ineficiência decorrente da multiplicação fragmentadora dos bancos de dados, introduzida pela Ditadura Militar e mantida intocável pelo regime democrático até os dias de hoje.

Conforme analisado nos capítulos anteriores, a luta política pela implementação e desenvolvimento do sistema estatístico nacional foi árdua e não linear. Neste início do segundo quarto do século XXI, o projeto de constituição do Sistema Nacional de Geociências, Estatísticas e Dados pode assumir a posição de terceira via entre os dois modelos distintos de soberania de dados.

De um lado, o Estado Chinês, o qual conduz, em articulação com as suas *big techs*, um plano audacioso implementado desde 2017 para a inovação da produção e governança de dados, com a submissão à autoridade nacional definida por "Administração de

Segurança Cibernética". De outro, a condução pelas *big techs* nos Estados Unidos, as quais, em articulação com o Estado, operam a integração dos bancos de dados desse país.

Neste ambiente de incorporação privada das *big techs* nos modelos de sistemas estatísticos, destaca-se também a iniciativa da Plataforma Global das Nações Unidas, organizada por sua Comissão Estatística, que lidera as atividades estatísticas no mundo. Tudo isso porque a transformação digital favorece a massiva e contínua coleta de informações dos usuários, possibilitada fundamentalmente às maiores empresas privadas do ramo no mundo, pois elas apresentam enorme capacidade de monitoramento de dados, assim como de coleta e análise de uma quantidade colossal de informações dos usuários.

Portanto, um novo mercado de dados avança no interior das estatísticas oficiais, e cujas redes sociais parecem operar cada vez mais como pertencentes aos monopólios intelectuais de grandes e poucas corporações internacionais. Guardada a devida proporção histórica, a aparência é a da Idade Média, cujo controle do conhecimento permaneceu por quase dez séculos sob o monopólio da Igreja Católica.

O salto tecnológico e informacional atual traz desafios significativos para a atuação dos institutos nacionais de estatística – desafios em grande medida expressos como imagem da realidade individual ou coletiva, constituída de fora para dentro, e ainda em conformidade com o projeto de modernidade desde o Norte Global. A descoberta do próximo Brasil resulta da inexorabilidade da alteração substancial do seu sistema estatístico oficial, o qual, mesmo exposto às resistências do conservadorismo e reacionarismo, termina por se submeter às forças integradas à mudança da época histórica.

É a partir de problemas e soluções do cotidiano das pessoas que a necessidade das pesquisas cresce, exigindo inovações que permitam identificar achados de realidade e a possibilidade de soluções por políticas públicas que favoreçam a superação das dificuldades enfrentadas pela população. Cabe à ciência, assim, buscar oferecer esclarecimentos aos problemas que o senso comum desconhece, apresentando subsídios tanto aos questionamentos da nova realidade que se impõe quanto à fundamentação do conhecimento inovador e acessível às respostas das demandas existentes.

No mundo atual, identificado pela nova Era Digital, a preeminência do conhecimento científico ressoa com um salto, fundado no inédito aparato tecnológico e disseminador que vai muito além dos tradicionais meios de comunicação de massa, próprios do passado da Era Industrial. Da mesma forma que os sistemas estatísticos evoluíram na definição do rigoroso padrão normativo – como na consolidação das pesquisas censitárias, na invenção e adoção dos métodos de coleta e na representação dos fenômenos estudados –, o próximo Brasil pode e deve vir à tona pelo planejamento nacional, a se desviar do curtoprazismo ao qual se destina a gestão das emergências nacionais.

Bibliografia

ABREU, R. *O enigma de* Os Sertões. Rio de Janeiro: Rocco/Funarte, 1998.

AFFICHARD, J. *Pour une histoire de la Statistique*. Paris: Económica, INSEE, 1987.

ALONSO, Â. *Ideias em movimento: a geração 1870 na crise do Brasil-Império.* São Paulo: Paz e Terra, 2002.

ALONSO, W.; STARR, P. *The Politics of Number*. Nova Iorque: Russell Sage Foundation, 1989.

ANDERSON, B. *Comunidades imaginadas.* São Paulo: Cia. das Letras, 2008.

ARANTES, P. *A fratura brasileira do mundo*. São Paulo: Ed. 34, 2023.

ATTIE FILHO, M. *Falsafa: a Filosofia entre os Árabes.* São Paulo: Palas Athena, 2002.

AUGUSTO JUNIOR, F. *Da necessidade à práxis: Análise do Índice de Custo de Vida do DIEESE: como processo de produção de conhecimento entre 1955 e 1964*. São Paulo: USP, 2010.

BACCI, M. *Breve história da população mundial.* Lisboa: Almedina, 2013.

BARMAN, R. *Brazil, the Forging of a Nation*. Princeton: PUP, 1988.

BARTHOLOMEW, D. "What is Statistics?" *Journal of the Royal Statistical Society*, 158: 1-20, 1995.

BEAUD, J.; PRÉVOST, J. (orgs.) *L'Ère du chiffre: systèmes statistiques et traditions nationales.* Québec: PUQ, 2000.

BECK, U. *Sociedade de risco. Rumo a uma outra modernidade*. São Paulo: Ed. 34, 2011.

BELL, D. *Las ciencias sociales desde la Segunda Guerra Mundial*. Madri: Alianza, 1984.

BENKLER, Y. *The Wealth of Networks: How Social Production Transforms Markets and Freedom*. Yale: YUP, 2007.

BENOIT, P.; MICHEAU, F. "O Intermediário Árabe?" In: SERRES, M. *Elementos para uma história das ciências*. Lisboa: Terramar Editores, v. 1, 1989, p. 183-211.

BLUM, A.; MESPOULET, M. *L´anarchie bureaucratique: statistique et pouvoir sous Staline*. Paris: La Découverte, 2003.

BOBBIO, N. "Derecho". In: BOBBIO, N. *et al. Diccionario de Política*. México: Siglo XXI, 1994, p. 453-458.

BOTELHO, T. *População e nação no Brasil do século XIX*. São Paulo: USP, 1998.

BOURGUET, M. *Déchiffrer la France: la statistique départamentale à l´époque napoléonienne*. Paris: Éditions des Archives Contemporaines - Ordres Sociaux, 1989.

BRIAN, E. "Del buen observador al estadístico del Estado: la mundialización de las cifras". *Anuario IEHS*, 14 (1): 15-22, 1999.

______. "Y at-il un objet *Congrès*? Le cas du Congrès international de statistique (1853-1876)". *Revue d'histoire intellectuelle*, 7 (15): 9-22, 1989.

BURKE, P. *Uma História social do conhecimento: de Gutenberg a Diderot*. Rio de Janeiro: Zahar, 2003.

CAMARGO, A.; SENRA, N. (orgs.). *Estatísticas nas Américas. Por uma agenda de estudos históricos comparados*. Rio de Janeiro: IBGE, 2010.

CAMARGO, A. *A construção da medida comum: estatística e política de população no Império e na Primeira República*. Rio de Janeiro: UERJ, 2016.

______. "Dimensões da nação: uma análise do discurso estatístico da Diretoria-Geral de Estatística (1872-1930)". *Revista Brasileira de Ciências Sociais*, 30 (87): 79-97, 2015.

CANDIDO, A. *A educação pela noite e outros ensaios*. São Paulo: Ática, 1989.

______. "Dialética da malandragem". *Revista do Instituto de Estudos Brasileiros da USP*, 8: 67-89, 1970.

CARRARA, A. “Por uma história comparada das estatísticas nas Américas”. *Estudos Históricos*, 23 (46): 377-384, dez. 2010.

CARVALHO, J. *Teatro de sombras*. Rio de Janeiro: IUPERJ, 1988.

CASTELLS, M. *A galáxia da internet: Reflexões sobre a Internet, os negócios e a sociedade*. São Paulo: Zahar, 2003.

______. *A sociedade em redes*. São Paulo: Paz e Terra, 1999.

CELIS, L. *Entre el infierno de una realidad y el cielo de un imaginario: Estadística y comunidad científica en el México de la mitad del siglo XIX*. México: El Colegio de México, 1999.

CETIC. “TIC Domicílios – 2019”. *Cetic.br*, 2024. Disponível em: https://cetic.br/pesquisa/domicilios/indicadores.

CHACEL, J. “A FGV, o IBRE e eu”. *Conjuntura Econômica*, 39: 8-14, mar. 1995.

CHAIA, M. “DIEESE: Saber intelectual e prática sindical”. *Lua Nova*, 19: 141-178, 1989.

CHATZIS, K. “Sous les yeux de l’Occident. Statistiques et integration européenne au XIXe siècles, l’exemple de la Grèce”. *Revue Européenne d’Histoire Sociale*, 21: 8-17, 2007.

CHAUI, M. *Brasil: mito fundador e sociedade autoritária*. São Paulo: FPA, 2007.

COHEN, P. *A Calculating People: the Spread of Numeracy in Early America*. Chicago: University of Chicago Press, 1982.

CURTIS, B. “Foucault on Governmentality and Population: The Impossible Discovery”. *Canadian Journal of Sociology*, 27 (4): 505-533, 2002.

______. *The Politics of Population: State Formation, Statistics and the Census of Canada (1840-1875)*. Toronto: UTP, 2001.

DESROSIÈRES, A. “Measurement and its uses: Harmonization and Quality in Social Statistics”. *International Statistical Review*, 68: 173-187, mar. 2000.

DESROSIÈRES, A. *The Politics of Large Numbers: A History of Statistical Reasoning.* Cambridge: HUP, 1998.

_______. *Prouver et gouverner: Une analyse politique des statistiques publiques*. Paris: La Découverte, 2014.

DIÉGUEZ, C.; VECCHIO, Â. *As pesquisas sobre o padrão de vida dos trabalhadores da cidade de São Paulo*. São Paulo: Ed. Sociologia e Política, 2008.

DOMINGUES, H. "Os intelectuais e o poder na construção da memória nacional". *Tempo Brasileiro*, 87: 43-57, out./dez. 1986.

ECO, H. "Orwell, la energía visionaria". In: ORWELL, G. *1984*. Buenos Aires: Lumen, 2014, p. 9-17.

ECO, U. "La Edad Media ha comenzado ya". In: *La Nueva Edad Media*. Madri: Alianza, 1984, p. 7-34.

ESCUDERO, W. "Big data no es el fin de la estadística (tal vez sea todo lo contrario)". *La Nación*, 20 mar. 2022, p. 16. Disponível em: https://www.lanacion.com.ar/economia/big-data-no-es-el-fin-de--la-estadistica-tal-vez-sea-todo-lo-contrario-nid20032022/.

EVANS, Peter "El Estado como problema y como solución". *Desarrollo Económico*, 35 (140): 529-562, jan./mar. 1996.

FERNANDES, V. "Fundação Getúlio Vargas: a imbricação entre o público e o privado". In: *33ª Reunião Anual da ANPED*, 2010, p. 1-16.

FIORAMONTI, L. *How Numbers Rule the World: The Use and Abuse of Statistics in Global Politics*. Londres: Zed Books, 2014 (Economic Controversies).

FISCHER, J. *El fin del mundo que conocimos*. Buenos Aires: Perfil, 2019.

FISHER, R. *Statistical Methods for Research Workers*. Nova Delhi: Cosmo Publications, 2006.

FRASER, N. "Politics, Culture, and the Public Sphere: Toward a Postmodern Conception". In: NICHOLSON, L.; STEVEN, S.

Social postmodernism: beyond identity politics. Cambridge: CUP, 2002, p. 287-312.

FREYRE, G. *Casa-grande & senzala: formação da família brasileira sob o regime da economia patriarcal*. 48. ed. São Paulo: Global, 2003.

FURTADO, C. *Criatividade e dependência na civilização industrial*. Rio de Janeiro: Paz e Terra, 1978.

______. *Desenvolvimento e subdesenvolvimento*. Rio de Janeiro: Fundo de Cultura, 1961.

______. *O mito do desenvolvimento econômico*. Rio de Janeiro: Paz e Terra, 1974.

GUIMARÃES, M. "Nação e civilização nos trópicos: o Instituto Histórico e Geográfico Brasileiro e o projeto de uma história nacional". *Estudos Históricos*, 1 (1): 5-27, 1988.

HAAS, P. "Introduction: Epistemic Communities and International Policy Coordination". *International Organization*, 46 (1): 1-35, 1992.

HABERMAS, J. *Mudança estrutural na esfera pública*. São Paulo: Unesp, 2014.

______. *Teoria do agir comunicativo*. São Paulo: Martins Fontes, v. 1-2, 2012.

HAKKERT, R. *Fontes e dados demográficos*. Belo Horizonte: ABEP, 1996.

HAN, B. *No enxame: Perspectivas do digital*. Petrópolis: Vozes, 2018.

HARARI, Y. *Nexus: História breve das redes de informações. Da idade da pedra à inteligência artificial*. Lisboa: Penguin, 2024.

HAYEK, F. *A pretensão do conhecimento*. São Paulo: LVM Editora, 2019.

HEGEL, G. *Fenomenologia do espírito*. Petrópolis: Vozes, 1992.

HUBER, V. "The Unification of the Globe by Disease? The International Sanitary Conferences on Cholera, 1851-1894". *The Historical Journal*, 49: 453-476, 2006.

IBGE. "Legislação básica dos recenseamentos de 1872 e 1890" (Documentos Censitários, série A – Número 1). Rio de Janeiro: IBGE, 1951.

IBGE. "Giorgio Mortara: ampliando os horizontes da demografia brasileira". Rio de Janeiro: IBGE, CDDI, 2007.

JENKIS, K. *A história repensada*. São Paulo: Contexto, 2009.

KARABELL, Z. *The Leading Indicators: A Short History of the Search for the Right Numbers*. Nova Iorque: Simon & Schuster, 2014.

KEYNES, J. *How to Pay for the War: A Radical Plan for the Chancellor of the Exchequer*. Londres: Macmillan, 1940.

______. *Laissez-Faire and Communism*. Nova Iorque: New Republic, Inc., 1926.

KOSELLECK, R. *Futuro do passado*. Rio de Janeiro: Contraponto, 2006.

KOYRÉ, A. *Estudos de História do pensamento científico*. Rio de Janeiro: Forense Universitária, 2011.

LATOUR, B. *Ciência em ação: como seguir cientistas e engenheiros sociedade afora*. São Paulo: Unesp, 2000.

LEMOS, A.; LÉVY, P. *O futuro da internet: em direção a uma ciberdemocracia planetária*. São Paulo: Paulus, 2010.

LIMA, I. *Cores, marcas e falas: sentidos da mestiçagem no Império do Brasil*. Rio de Janeiro: Arquivo Nacional, 2003.

LIMA, N. *Um sertão chamado Brasil*. Rio de Janeiro: Revan/IUPERJ/UCAM, 1999.

LINSI, L.; MÜGGE, D. "Globalization and the Growing Defects of International Economic Statistics". *Review of International Political Economy*, 26 (4): 361-383, 2018.

LIPOVETSKY, G. *Los tiempos hipermodernos*. Barcelona: Anagrama, 2014.

LOJKINE, J. A *revolução informacional*. São Paulo: Cortez, 2000.

LOPES, J. *Sociedade Industrial no Brasil*. Rio de Janeiro: CEPS, 2008.

LYONS, J. *A Casa da Sabedoria: como a valorização do conhecimento pelos árabes transformou a civilização ocidental*. Rio de Janeiro: Zahar, 2011.

LYOTARD, J. *La condición postmoderna*. Barcelona: Cátedra, 1994.

MALERBA, J. (org.). *A velha história*. Campinas: Papirus, 1996.

MANYIKA, J. *et al.* "Big data: The next frontier for innovation, competition, and productivity". *MacKinsey Global Institute*, 1 mai. 2011. Disponível em: https://www.mckinsey.com/capabilities/mckinsey-digital/our-insights/big-data-the-next-frontier-for-innovation.

MCTIC. "Estratégia Brasileira Para a Transformação Digital". *MCTI*, 2018. Disponível em: https://www.gov.br/mcti/pt-br/centrais-de-conteudo/comunicados-mcti/estrategia-digital-brasileira/estrategiadigital.pdf.

MELLO, J.; NOVAIS, F. *Capitalismo tardio e sociabilidade moderna*. São Paulo: Unesp, 2009.

MENEGAT, M. *Estudos sobre ruínas*. Rio de Janeiro: ICC, 2012.

MESPOULET, M. *Statistique et révolution en Russie: un compromis impossible (1880-1930)*. Rennes: PUR, 2001.

MONTAGNER, P.; HAGA, A. "Pesquisa de Emprego e Desemprego: sua importância como metodologia de pesquisa". *São Paulo em Perspectiva*, 17 (3-4): 135-141, 2003.

MÜGGE, D. "International Economic Statistics: Biased Arbiters in Global Affairs?" *Fudan Journal of the Humanities and Social Sciences*, 13: 93-112, 2020.

NILSSON, N. *The Quest for Artificial Intelligence*. Cambridge: CUP, 2009.

OECD. *Data-driven Innovation: Big Data for Growth and Well-being*. Paris: OECD Publishing, 2015.

OLIVEIRA, A. "A Igreja no Brasil". *Revista IHGB*, 34: 159-199, 1866.

OLIVEN, R. *Urbanização e mudança social no Brasil*. Rio de Janeiro: CEPS, 2010.

ORTEGA Y GASSET, J. *A rebelião das massas*. Campinas: Vide, 2016.

OTERO, H. *Estadística y nación: una historia conceptual del pensamiento censal de la Argentina moderna, 1869-1914*. Buenos Aires: Prometeo libros, 2006.

PASQUALE, F. *Black Box Society: The Secret Algorithms that Control Money and Information*. Cambridge: HUP, 2015.

PATRIARCA, S. *Numbers and nationhood: writing statistics in nineteenth century Italy*. Cambridge: CUP, 1996.

PENHA, E. *A criação do IBGE no contexto da centralização política do Estado Novo*. Rio de Janeiro: IBGE, 1993.

POCHMANN, M. *A grande desistência histórica e o fim da sociedade industrial*. São Paulo: Ed. Ideias & Letras, 2022.

______. *Brasil sem industrialização: a herança renunciada*. Ponta Grossa: UEPG, 2016.

______. *Declínio da vida em sociedade e o Brasil no início do século XXI*. São Paulo: Ed. Ideias & Letras, 2024 (Sociopolítica).

PORTER, T. *The Rise of Statistical Thinking: 1820-1900*. Princeton: PUP, 1986.

______. *Trust in Numbers: The Pursuit of Objectivity in Science and Public Life*. New Jersey: PUP, 1995.

POUBEL, M. "Um estudo da história da estatística: o 1º censo demográfico". In: *Anais do IX Seminário Nacional de História da Matemática*. São Paulo: EACH-USP, n. 12, nov. 2010.

PRÉVOST, J.; BEAUD, J. *Statistics, Public Debate and the State, 1800-1945: a social, political and intellectual history of numbers*. Londres: Pickering and Chatto, 2012.

PRÉVOST, J. *A Total Science: Statistics in Liberal and Fascist Italy*. Montreal: McGill Queen's University Press, 2009.

RANDERRAD, N. *States and Statistics in the Nineteenth Century*. Manchester: Europe by Numbers, 2010.

RIBEIRO, D. *O povo brasileiro: a formação e o sentido do Brasil*. São Paulo: Cia. das Letras, 1995.

RIKAP, C. *Capitalism, Power and Inovation: Intelectual Monopoly Capitalism Uncovered*. Nova Iorque: Routledge, 2021.

RUSSELL, S.; NORVIG, P. *Artificial Intelligence: A Modern Approach*. Upper Saddle River: Prentice Hall, 2010.

SALVADOR, V. *História do Brasil*. Brasília: Senado Federal, 2010.

SCHUMPETER, J. *História da análise econômica*. México: Fundo de Cultura, 1964.

SCHWARZ, R. *Sequências brasileiras*. São Paulo: Cia. das Letras, 1999.

SCHWEBER, L. *Disciplining Statistics: Demography and Vital Statistics in France and England (1830-1885)*. Durham: DUP, 2006.

SENNET, R. *A corrosão do caráter: consequências pessoais do trabalho no novo capitalismo*. São Paulo: Record, 1999.

SENRA, N. *História das estatísticas brasileiras: estatísticas desejadas (1822-1889)*. Rio de Janeiro: IBGE, CDDI, 2006.

______. *Uma breve história das estatísticas brasileiras (1822-2002)*. Rio de Janeiro: IBGE, CDDI, 2009.

SILVA, H. *As ruínas da cidade industrial*. Rio de Janeiro: PPG-PUR/UFRJ, 2008.

SILVA, J. *Investigação sobre os recenseamentos da população geral do Império e de cada província de per si tentados desde os tempos coloniais até hoje*. São Paulo: IPE/USP, 1986.

SILVEIRA, S. *Colonialismo de dados: como opera a trincheira algorítmica na guerra neoliberal*. São Paulo: Autonomia Literária, 2022.

______. "Inteligência artificial baseada em dados e as operações do capital". *Revista de Comunicação da FAPCOM*, 5 (10): 16-29, 2021.

SIMMEL, G. "A metrópole e a vida do espírito". In: FORTUNA, C. (org.). *Cidade, cultura e globalização*. Oeiras: Celta, 1997, p. 33-45.

SIMONSEN, R.; GUDIN, E. *A controvérsia do planejamento na economia brasileira.* 3. ed. Brasília: IPEA, 2010.

SNOWDEN, E. *Vigilância permanente.* Buenos Aires: Planeta, 2019.

SOUZA, C. *A pátria geográfica.* Goiânia: Ed. UFG, 1997.

SOUZA, L. *O diabo e a terra de Santa Cruz: feitiçaria e religiosidade popular no Brasil colonial.* São Paulo: Cia. das Letras, 1989.

SRNICEK, N. *Platform Capitalism.* Cambridge: Polity Press, 2017.

THE ECONOMIST. "The world's most valuable resource is no longer oil, but data". *The Economist*, 6 mai. 2017. Disponível em: https://www.economist.com/leaders/2017/05/06/the-worlds-most--valuable-resource-is-no-longer-oil-but-data.

TILY, G. "John Maynard Keynes and the Development of National Accounts in Britain, 1895-1941". *Review of Income and Wealth*, 55 (2): 331-359, 2009.

TORRES, A. *O problema nacional brasileiro.* São Paulo: Cia. Editora Nacional, 1978.

TOTARO, P.; NINNO, D. "The Concept of Algorithm as an Interpretative Key of Modern Rationality". *Theory, Culture & Society*, 31 (4): 29-49, 2014.

UNITED NATIONS. *Economic Globalisation: A Challenge for Official Statistics.* Nova Iorque: UN, 2008.

VAINFAS, R. *Trópico dos pecados: moral, sexualidade e inquisição no Brasil.* Rio de Janeiro: Campus, 1989.

VASARI, G. *Le vite.* Novara: Angelo Colla Editore, 2012.

VIANNA, F. *Instituições Políticas Brasileiras.* 3. ed. Belo Horizonte: Itatiaia, 1974.

______. *Populações meridionais do Brasil: Historia, organização e psicologia; populações rurais do centro-sul – paulistas, fluminenses e mineiros.* Brasília: Senado Federal, 2005.

VIEIRA PINTO, A. *A sociologia dos países subdesenvolvidos*. Rio de Janeiro: Contraponto, 2020.

______. *Ciência e existência: problemas filosóficos da pesquisa científica*. Rio de Janeiro: Contraponto, 2020.

VILLANI, C. *et al. For a Meaningful Artificial Intelligence: Towards a French and European Strategy*. Paris: French Parliament, 2018. Disponível em: https://www.jaist.ac.jp/~bao/AI/OtherAIstrategies/MissionVillani_Report_ENG-VF.pdf.

______. *Hypocoercivity*. Lyon: CNRS, 2008.

WARD, M. *Quantifying the World: UN Ideas and Statistics*. Indiana: IUP, 2004.

WEBER, J. *A nação e o paraíso: a construção da nacionalidade na historiografia literária brasileira*. Florianópolis: UFSC, 1997.

WINNER, L. "Citizen Virtues in a Technological Order". In: FEEBERG, A.; HANNAY, A. (orgs.). *Technology and the Politics of Knowledge*. Bloomington: IUP, 1995, p. 65-84.

WOOLF, S. "Statistics and the Modern State". *Comparative Studies in Society and History*, 31: 588-604, 1989.

YUNG, W. "The Evolution of Social Statistics in a Changing World". Harvard Data Science, 28 out. 2021. Disponível em: https://hdsr.mitpress.mit.edu/pub/w8l955ol/release/3.

ZUBOFF, S. *A Era do Capitalismo de Vigilância*. São Paulo: Intrínseca, 2021.

______. "Big Other: Surveillance Capitalism and the Prospects of an Information Civilization". *Journal of Information Technology*, 30 (1): 75-89, 2015.

ZWEIG, S. *BRASIL, País do Futuro*. Porto Alegre: L&PM, 2006.

Esta obra foi composta em sistema CTcP
Capa: Supremo 250 g – Miolo: Pólen Natural 70 g
Impressão e acabamento
Gráfica Santuário